Annette Diepolder

Trendige TOPFLAPPEN

EINFACH & SCHNELL GEHÄKELT

CV

Kunterbunte Küchenhelfer selbstgemacht

Topflappen sind nicht immer ein Hingucker, vor allem praktisch müssen sie sein. Doch dass es auch kunterbunt und dekorativ geht, zeigt dieses Buch.
Ob mit Avocado-, Melonen- oder Flamingomotiv oder mit spannenden Mustern wie Korb- oder Flechtmuster, langweilig war gestern – in frischen Farbkombinationen gehäkelt bringen diese Topflappen das gewisse Etwas in jede Küche. Dank der ausführlichen Anleitungen und des Grundkurses sind sie zudem noch schnell und einfach nachzuarbeiten. Auch als Geschenk für jeden, der gern kocht und backt, sind sie perfekt geeignet.

Viel Spaß beim Nacharbeiten!

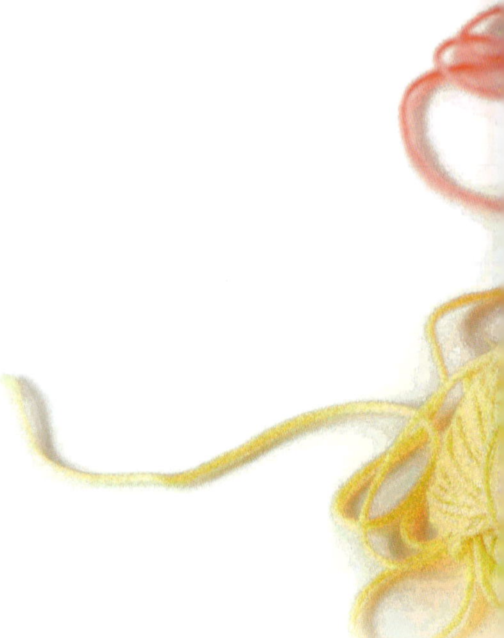

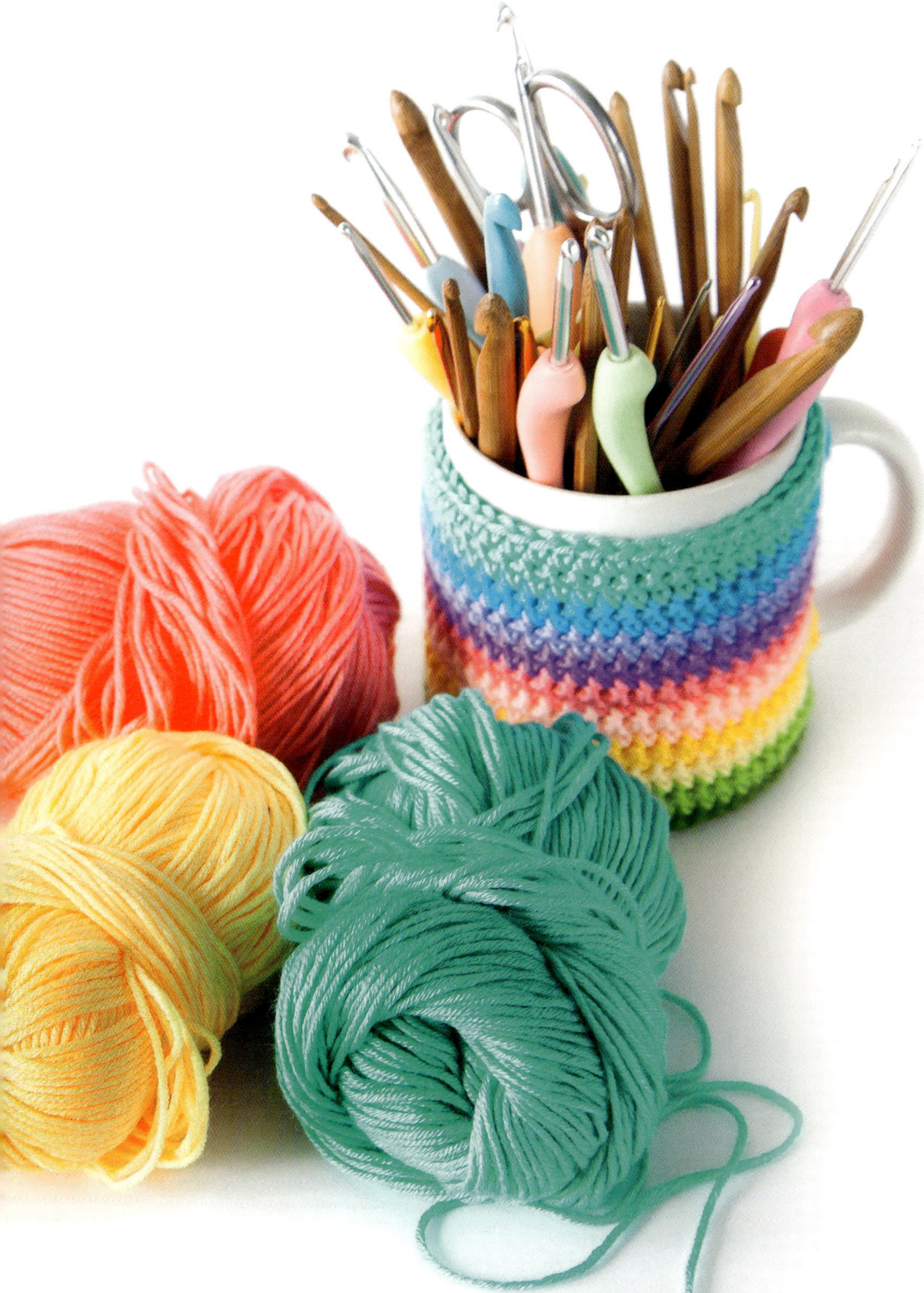

Inhalt

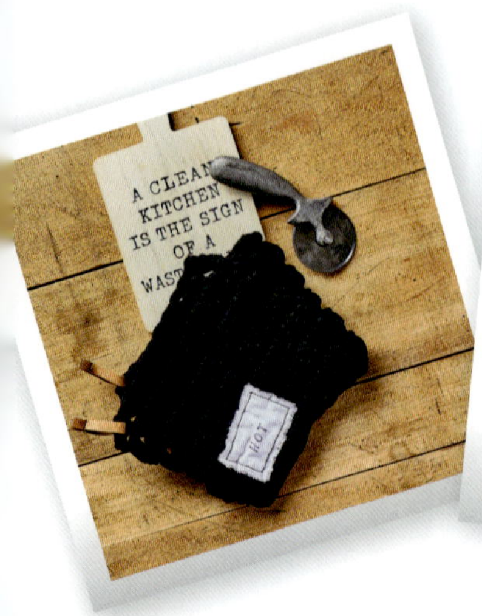

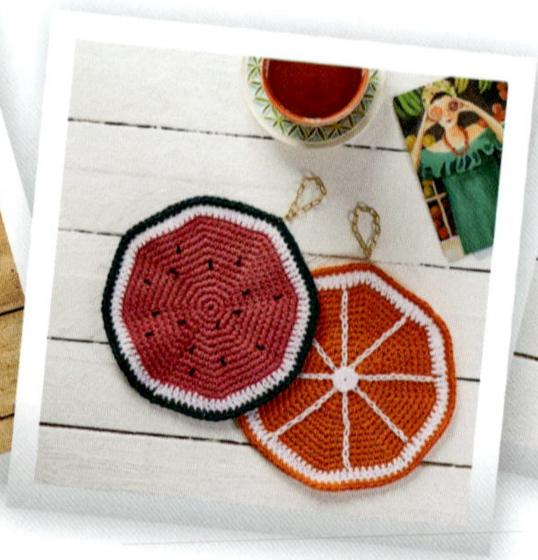

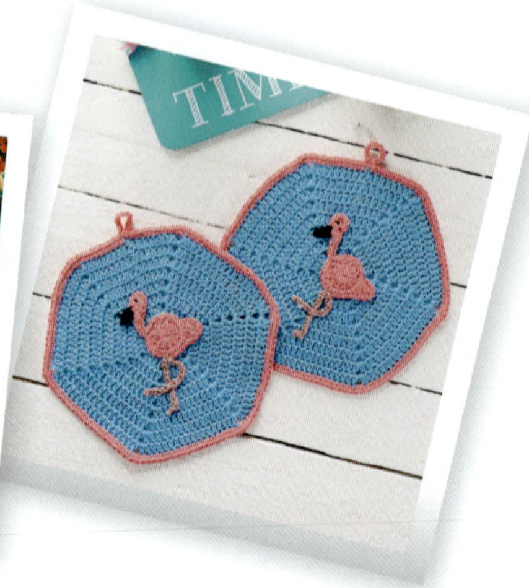

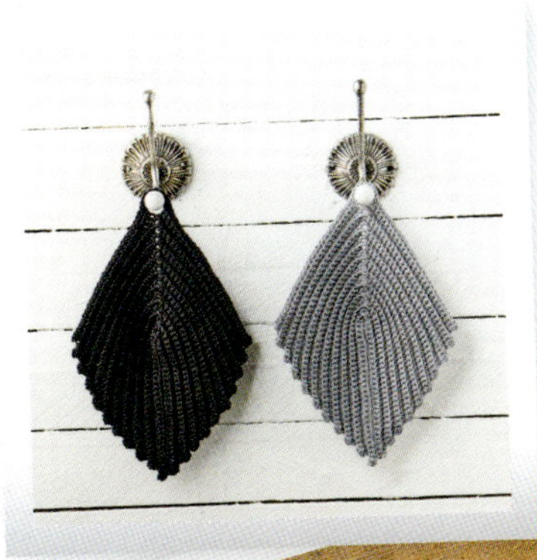

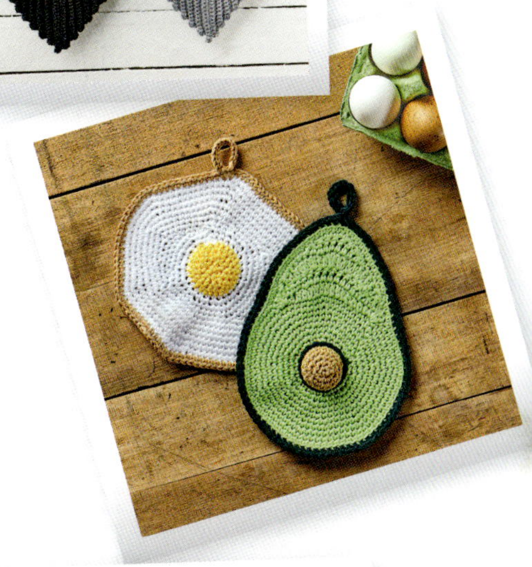

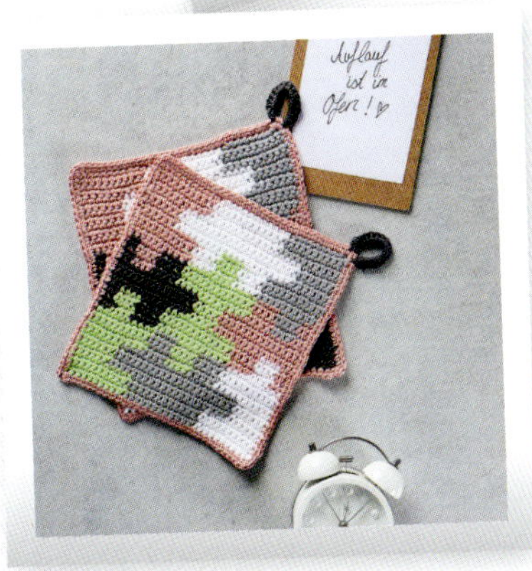
Auflauf ist im Ofen!

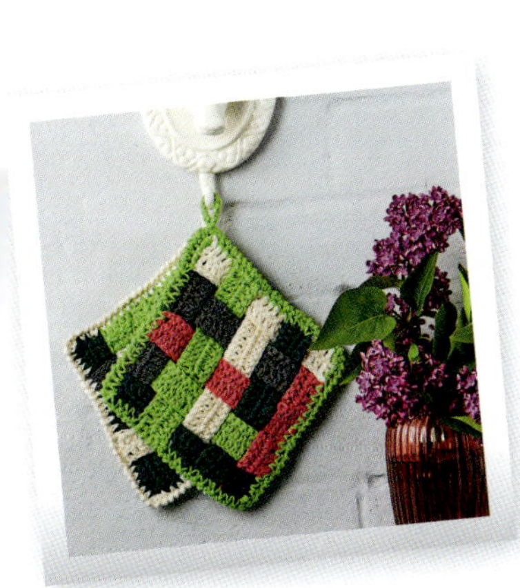

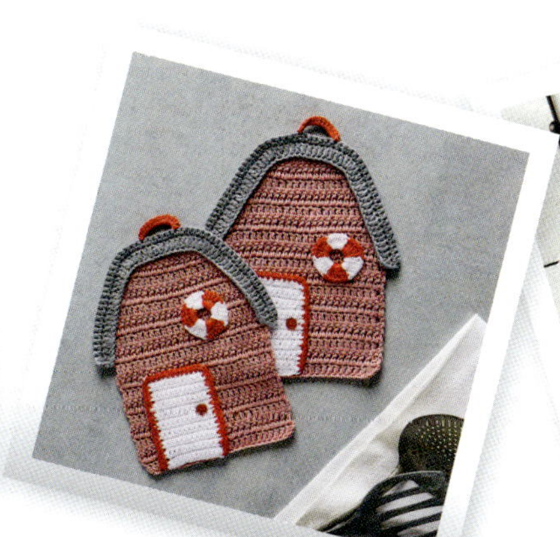

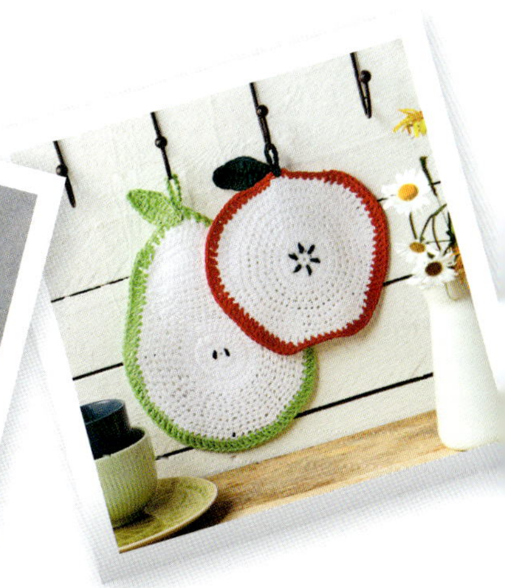

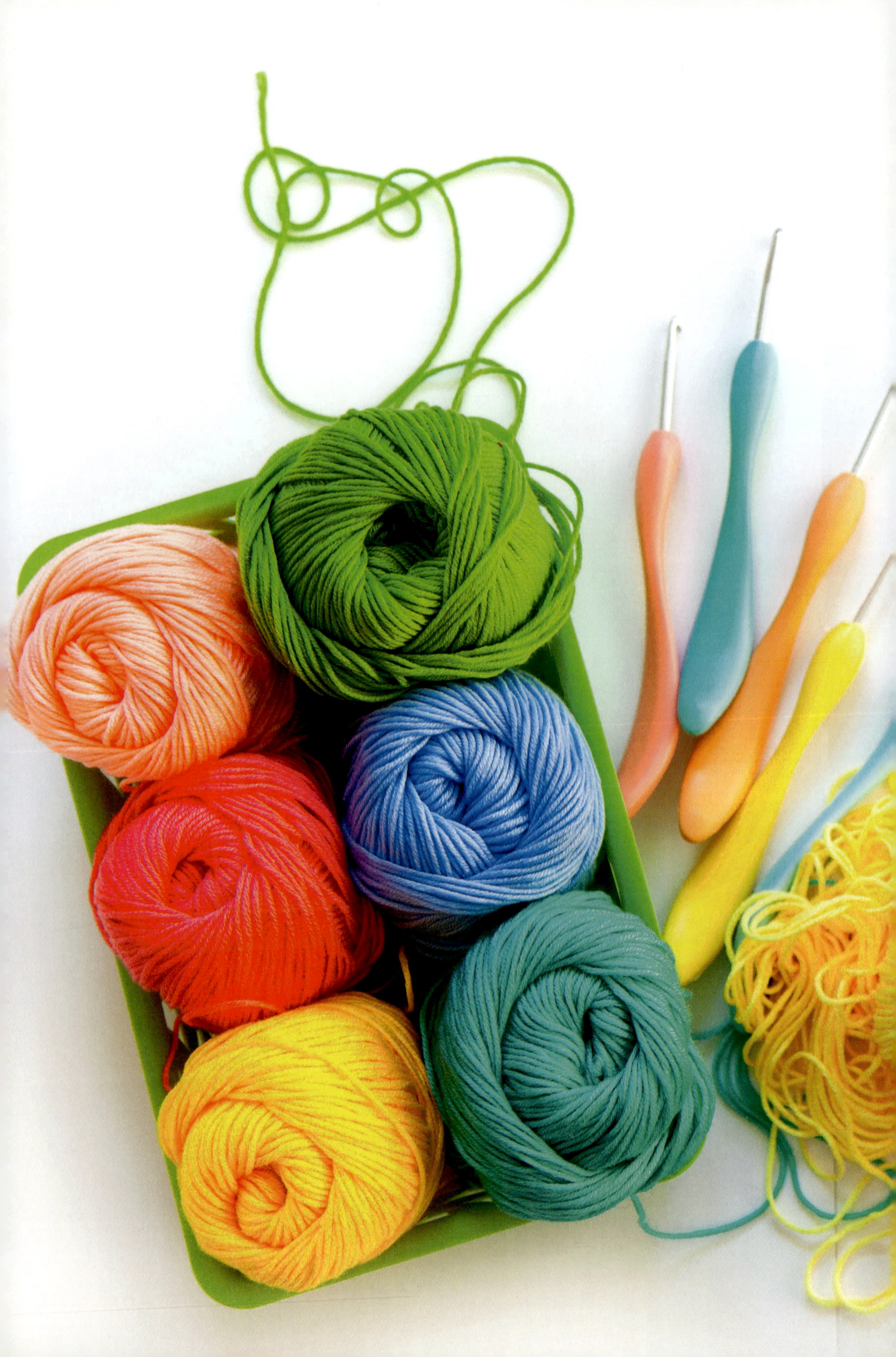

Material

GARN

Da Topflappen regelmäßig hohen Temperaturen ausgesetzt werden, sollte man bei der Wahl des Garns einiges beachten. Im Fachhandel findet man spezielles **Topflappengarn,** bestehend aus 100% Baumwolle, formbeständig und daher sehr gut für das Topflappen-Häkeln geeignet. Die meisten Modelle in diesem Buch sind mit diesem Garn gearbeitet.

Neben dem Topflappengarn eignet sich auch **Textilgarn** für Topflappen. Dieses wird aus Restmaterial der Textilindustrie hergestellt und hat eine Garndicke von einem knappen Zentimeter. Dadurch lassen sich Topflappen nicht nur schnell häkeln, sie erhalten zudem eine ganz spezielle grobe Optik.

HÄKELNADELN

Für gewöhnlich findet man auf jeder Garn-Banderole die Angabe, mit welcher Nadelstärke das jeweilige Garn verarbeitet werden sollte. Damit ein Topflappen möglichst stabil wird, empfiehlt es sich, die kleinstmögliche Häkelnadel zu verwenden. Welche Nadelstärke für welches Modell benötigt wird, steht in diesem Buch jeweils unter den Materialangaben.

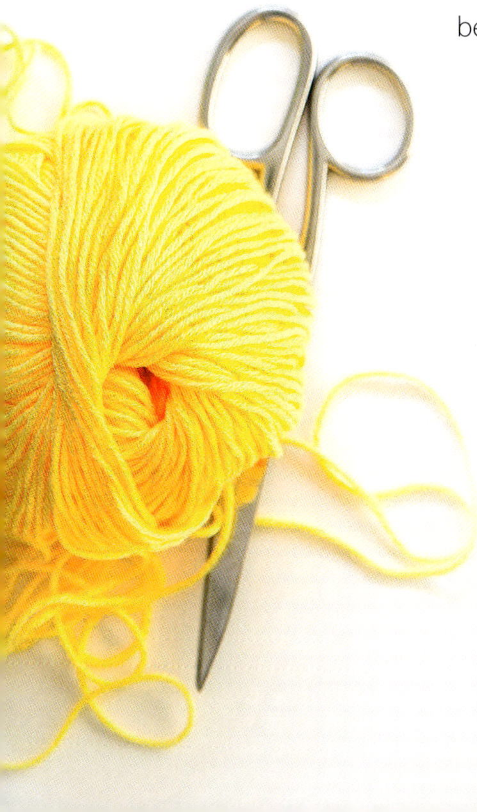

Hot

SCHLICHTE TOPFLAPPEN MIT AUFNÄHER

Größe: 22 x 19 cm

MATERIAL:

- 300 g Textilgarn in Schwarz (Buttinette)
- Häkelnadel Nr. 12
- Nähmaschine

Für den Aufhänger:

- 2 Lederbänder, jeweils 1 x 12 cm

Aufnäher:

- Baumwollstoff in Weiß 8 x 5,5 cm
- Textilfarbe in Schwarz
- ABC-Stempel

Tipp:

TEXTILGARN GIBT ES MITTLERWEILE IN VIELEN FARBEN, SO KANN MAN DIE DEN TON PASSEND ZUR KÜCHENEINRICHTUNG WÄHLEN.

SO GEHT'S:

13 LM anschlagen, die erste fM in die 12. LM häkeln und weitere 11 fM häkeln. Jeweils eine WendeLM arbeiten und weitere 12 fM in jeder R häkeln. Insgesamt werden 12 R gehäkelt.

Das Lederband in der oberen Topflappenecke einhängen und mit der Nähmaschine zusammennähen.

Für die Applikation mit den Stempelbuchstaben den Schriftzug „HOT" aufstempeln, die Farbe trocknen lassen und wie auf der Verpackung beschrieben fixieren. Anschließend den Aufnäher mit der Nähmaschine auf dem Topflappen befestigen.

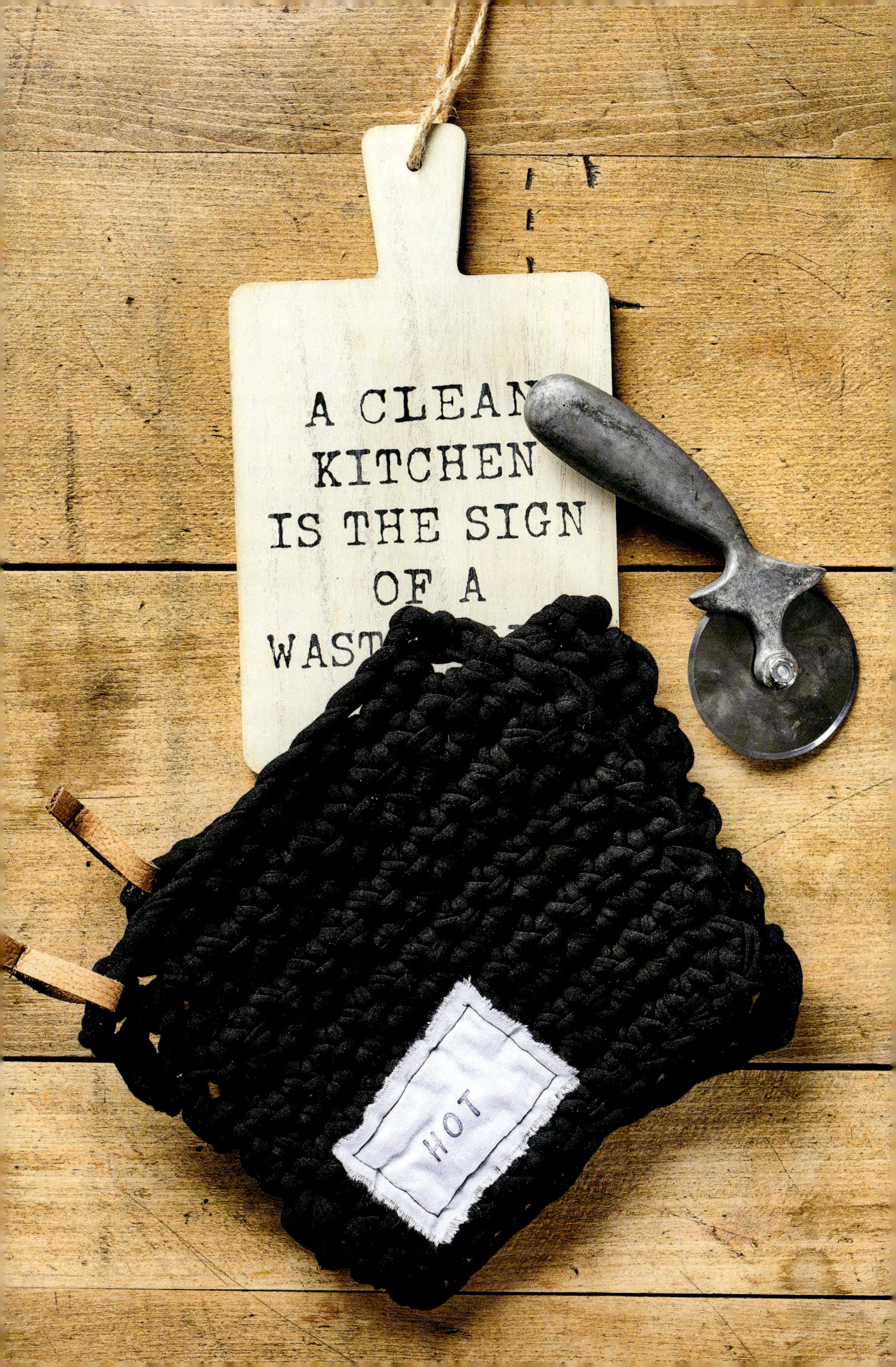
A CLEAN
KITCHEN
IS THE SIGN
OF A
WAST
HOT

Runde Helfer

DREIFARBIGE TOPFLAPPEN AUS TEXTILGARN

Größe: 19 cm Durchmesser

MATERIAL

- Je 100g Textilgarn in Rosé, Gelb, Schwarz
- Häkelnadel Nr. 12
- Nähgarn
- Nähnadel

Tipp:
DA TEXTILGARN SEHR STABIL IST, LASSEN SICH DIESE TOPFLAPPEN AUCH PERFEKT ALS UNTERSETZER VERWENDEN.

SO GEHT'S:

Mit der Luftmaschenkette in Rosé beginnen und 60 LM häkeln. Anschließend mit Gelb weiterarbeiten und 80 LM arbeiten, danach mit schwarzem Textilgarn weitere 90 LM häkeln.

Die Luftmaschenkette zur Schnecke aufrollen und Stück für Stück mit passendem Nähgarn zusammennähen. In der letzten Reihe 8-9 Luftmaschen der schwarzen Maschenkette nicht an der Vorreihe festnähen, sodass ein Aufhänger entsteht.

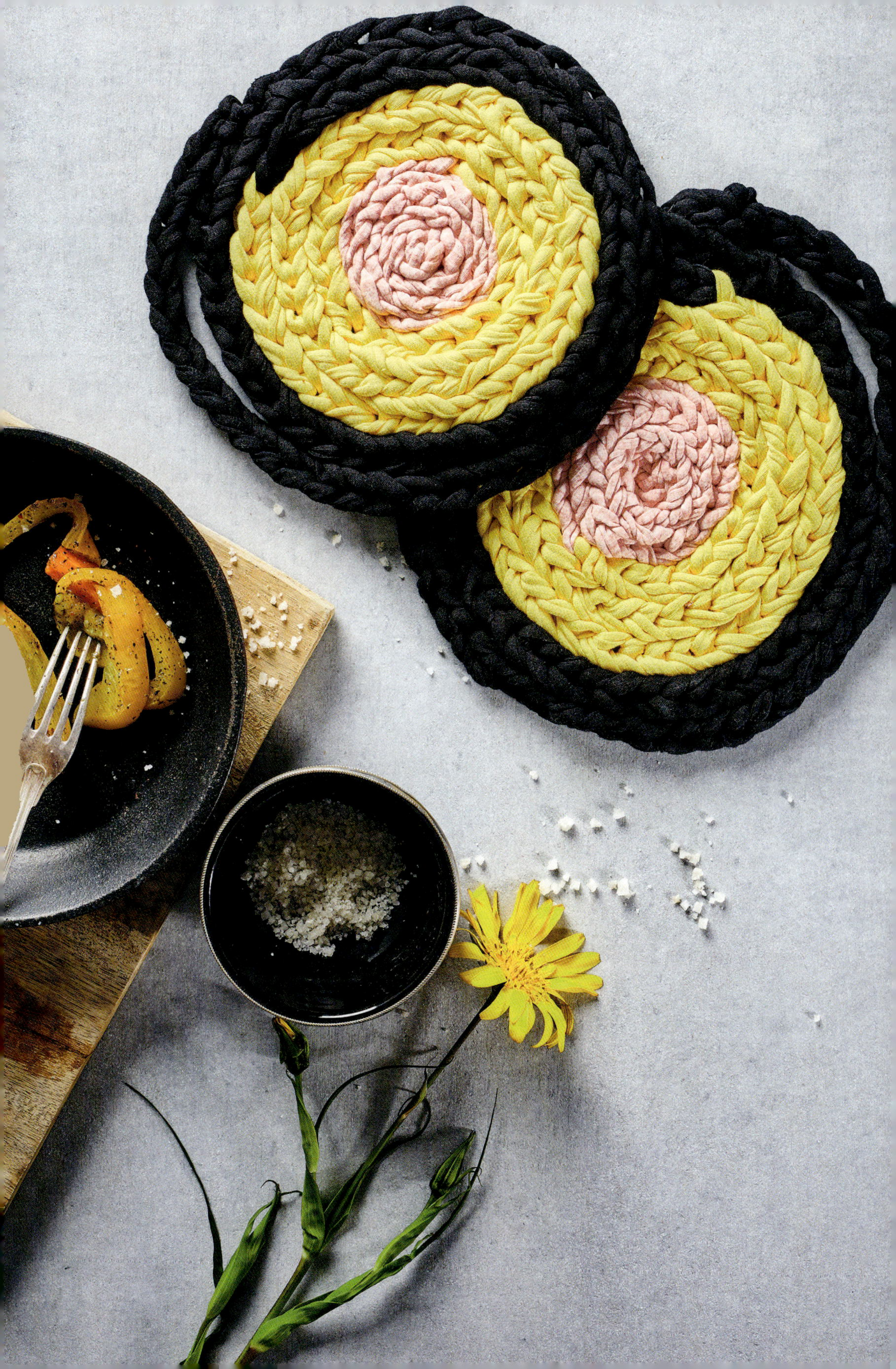

Freche Früchtchen

TOPFLAPPEN IN MELONEN- UND ORANGENFORM

Größe: 19 cm Durchmesser

MATERIAL

- Je 50 g Baumwollgarn in Orange, Pink, Dunkelgrün („Record 210“ von Schoeller + Stahl)
- 50 g Topflappengarn in Weiß (Woll Butt von Buttinette)
- Rest Baumwollgarn in Schwarz
- Häkelnadel Nr. 4,5
- Nähgarn und Nähnadel
- Sticknadel

Aufhänger:

- 2 Kettenstücke in Gold, 12 cm
- Zange

SO GEHT'S:

In einen Fadenring in Orange bzw Pink 8 fM häkeln und mit einer KM zur Runde schließen. In allen weiteren Runden fM häkeln und jede Runde mit einer KM in die erste fM beenden. Jede neue Runde beginnt mit einer LM, wobei diese nicht die erste LM ersetzt.

1 Rd: jede Masche der Vorrunde verdoppeln = 16 M
2 Rd: jede 2. M der Vorrunde verdoppeln = 24 M
3 Rd: jede 3. M der Vorrunde verdoppeln = 32 M
4 Rd: jede 4. M der Vorrunde verdoppeln = 40 M
5., 6. und 7. Runde ohne Zunahmen häkeln
8 Rd: jede 5. M der Vorrunde verdoppeln = 48 M
9 Rd: jede 6. M der Vorrunde verdoppeln = 56 M
10 Rd: jede 7. M der Vorrunde verdoppeln = 64 M
11 Rd: jede 8. M der Vorrunde verdoppeln = 72 M
12 Rd: jede 9. M der Vorrunde verdoppeln = 80 M
13 Rd: in Weiß 80 Stb häkeln
14 Rd: in Orange bzw. Dunkelgrün 80 fM häkeln

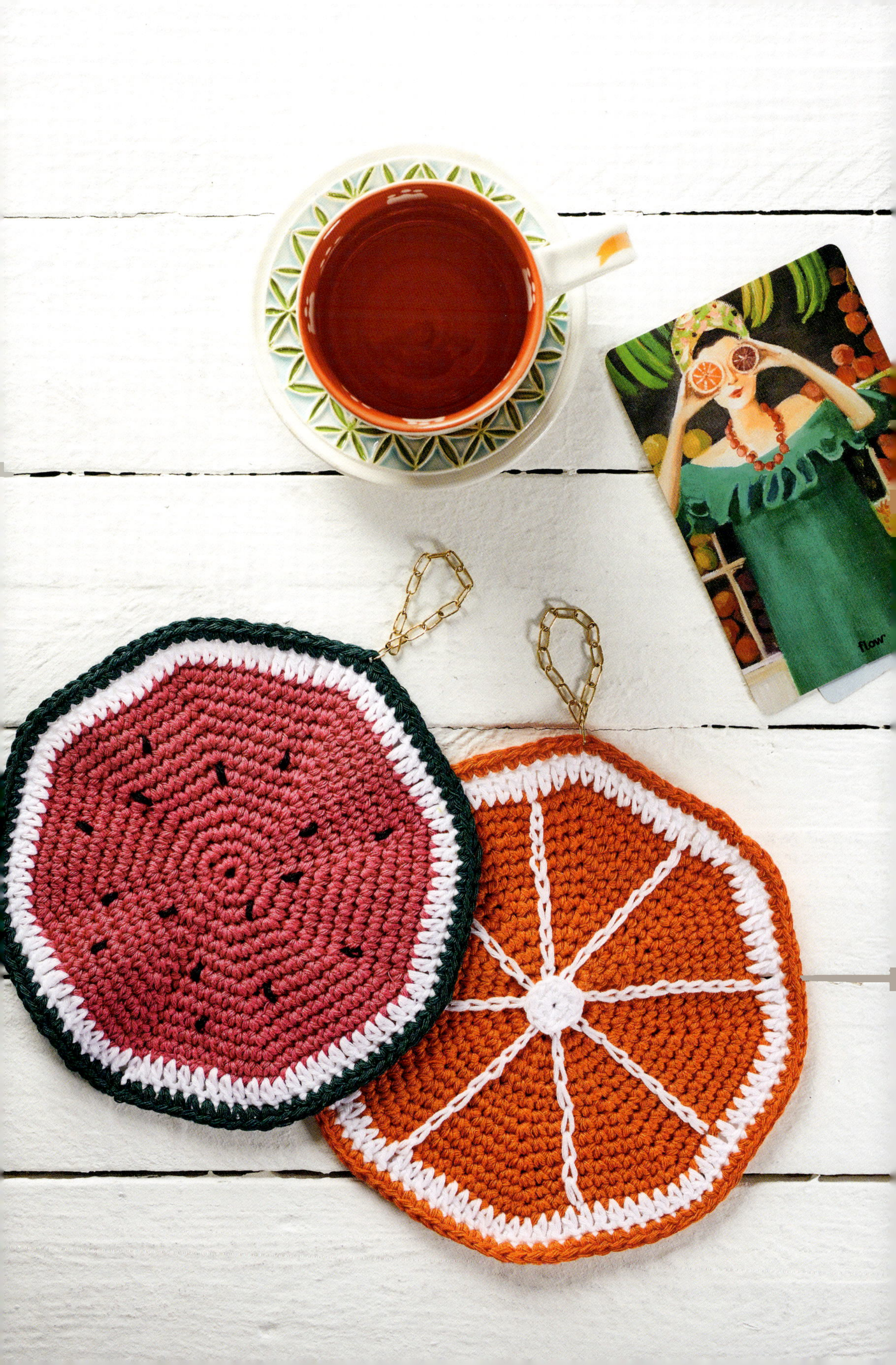
flow

Orange:

In gleichmäßigem Abstand im Stielstich auf die Orange 8 Teilungsnähte in Weiß aufsticken. Für den Mittelpunt der Orange in Weiß 10 hStb in einen Fadenring häkeln und diesen mit Nähgarn befestigen.

Melone:

Mit dem Baumwollgarn in Schwarz und doppeltem Faden Melonenkerne wie abgebildet aufsticken.

An jedem Topflappen als Aufhänger eine Kette befestigen, dafür ein Kettenglied mit der Zange leicht aufbiegen, in einer Masche einhängen und wieder verschließen.

Tipp:

ALTERNATIV KANN DER ORANGEN-TOPFLAPPEN AUCH MIT GRÜNER ODER GELBER WOLLE ALS LIMONE UND ZITRONE GEHÄKELT WERDEN.

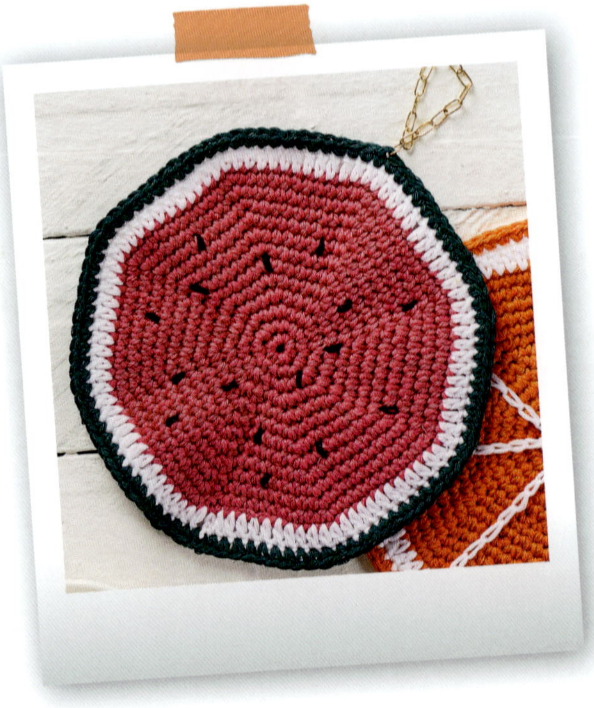

Flamingo

TROPISCHE TOPFLAPPEN MIT APPLIKATIONEN

Größe: 19 x 19 cm

MATERIAL

- 50 g Baumwollgarn in Türkis (Woll Butt Camilla von Buttinette)
- 50 g Baumwollgarn in Pink (Record 210 von Schoeller + Stahl)
- Rest Topflappengarn in Altrosa (Woll Butt von Buttinette)
- Rest Baumwollgarn in Schwarz
- 2 Rocaille-Perlen, 2,6 mm in Schwarz
- Häkelnadel Nr. 3,5
- Nähgarn und Nähnadel

SO GEHT'S:

In Türkis 12 Stäbchen in einen Fadenring häkeln und mit einer KM zur Runde schließen.
2. Rd. 3 LM (als Ersatz für das 1. Stb), 1 Stb, *2 LM, 2 Stb,
ab * 4 x wiederholen, die Runde mit 2 LM und einer KM in die 3. LM des ersten Stb beenden. Es sind jetzt 6 Zwischenräume entstanden.
3. – 10. Rd: 3 LM als Ersatz für das erste Stb, dann weiter in jedes Stb der Vorrunde ein Stb häkeln, in die Zwischenräume jeweils 1 Stb, 2 LM, 1 Stb häkeln, jede Runde mit einer KM beenden.
11. Rd. in Pink fM häkeln

Aufhänger:
In Pink lt. Foto am Topflappen anschlingen,12 LM häkeln und mit einer KM befestigen.

FLAMINGO:

Körper:
In Pink 12 Stb in einen Fadenring häkeln und mit einer KM zur Runde schließen.
2. Rd: in die ersten 6 Maschen der Vorrunde jeweils 2 fM häkeln = 12 M, in die nächste Masche 1Stb, 2DStb, 4LM, 1KM häkeln, in die folgenden 5 Maschen der Vorrunde jeweils 1 fM arbeiten, mit einer KM die Runde beenden. Gleich anschließend wird der Hals und Kopf des Flamingos gearbeitet. Dafür 10 LM häkeln, in die 4. Masche 2 Stb, 1hStb, 1fM häkeln, in die folgenden 6 LM jeweils eine KM arbeiten.

Schnabel:
4 LM in Schwarz in dieselbe Einstichstelle wie der Kopf anschlagen, 1 KM in die 4. LM arbeiten, jeweils 1 fM in die folgenden 3 LM häkeln und mit einer KM am Kopf befestigen.

Füße:
In Altrosa an der unteren Körpermitte anschlingen und für jeden Fuß jeweils 15 LM häkeln.

Den Flamingo wie abgebildet mit Nähgarn auf dem Topflappen fixieren und eine Rocaille-Perle als Auge aufnähen.

Tipp:
WEM DAS HÄKELN DER FIGUREN ZU AUFWENDIG IST, FINDET GEHÄKELTE APPLIKATIONEN AUCH IM GUT SORTIERTEN FACHHANDEL ODER IM INTERNET.

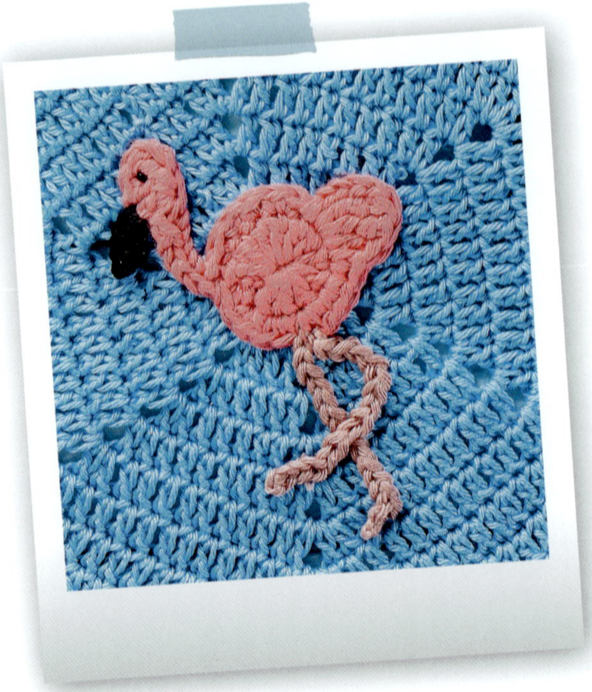

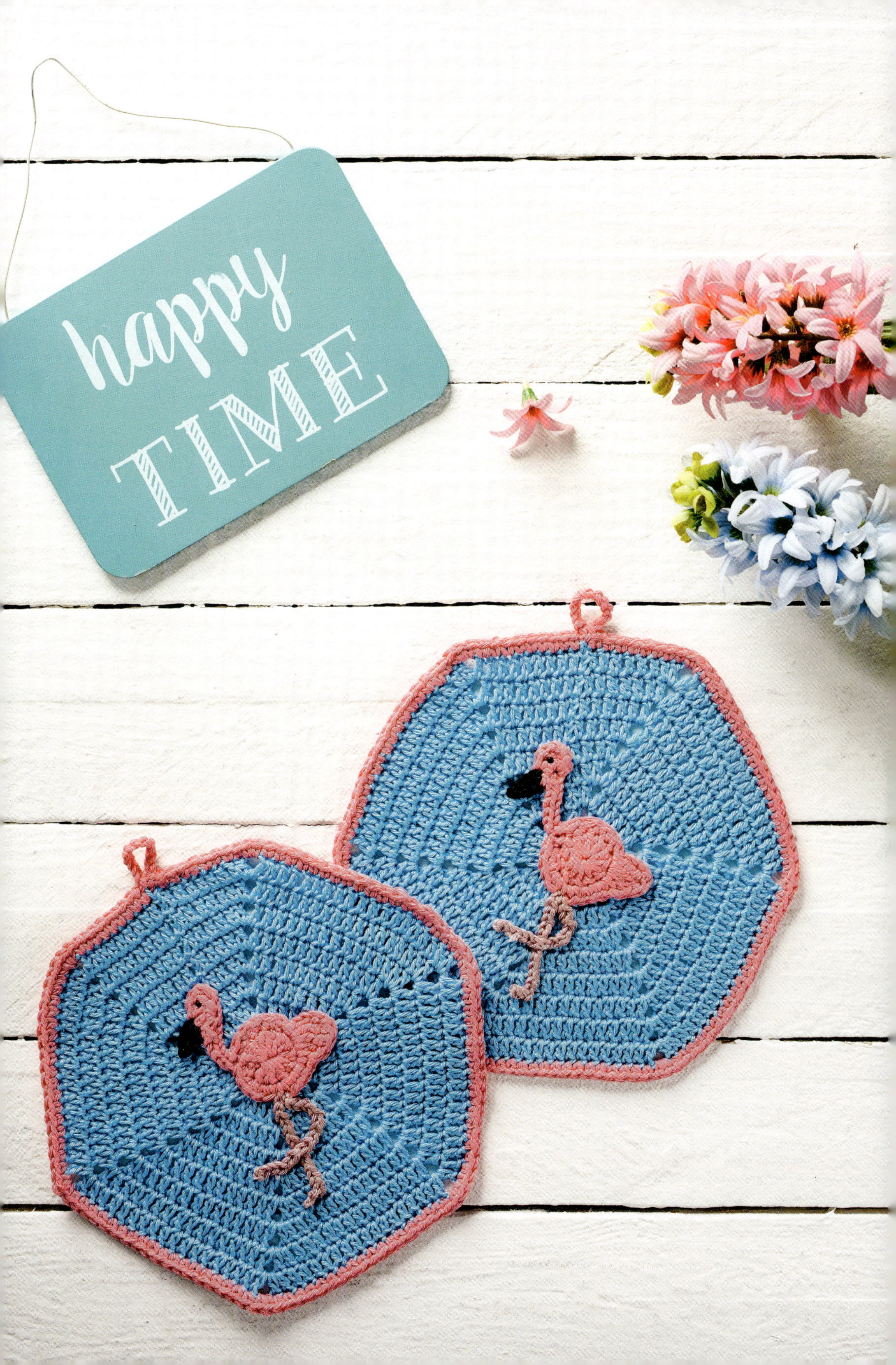
happy
TIME

Farbenfroh geflochten

TOPFLAPPEN MIT FÜNFFARBIGEM FLECHTMUSTER

Größe: 18 x 18 cm

MATERIAL

- Je 50 g Baumwollgarn in Hellgrün, Beige, Anthrazit, Pink, Dunkelgrün (Record 210 von Schoeller + Stahl)
- Häkelnadel Nr. 3,5

Tipp:

BEIM VERFLECHTEN DER STREIFEN SIND KEINE GRENZEN GESETZT - SO WIRD AUS JEDEM TOPFLAPPEN EIN UNIKAT.

SO GEHT'S:

Für jeden Topflappen werden 9 Streifen gehäkelt. Dafür jeweils 26 LM anschlagen und mit 2 Reihen Stb behäkeln, dabei das 1. Stäbchen der Reihe durch 3 Luftmaschen ersetzen.

Die Streifen miteinander verflechten und anschließend mit einer Reihe fM in Hellgrün bzw. Beige zusammenhäkeln. Dabei in den Ecken jeweils 2 fM in dieselbe Einstichstelle arbeiten.

Zum Abschluss den Topflappen mit einer Reihe Krebsmaschen umhäkeln. Für den Aufhänger 12 LM häkeln, in jede LM eine KM arbeiten und abschließend mit einer weiteren KM am Topflappen befestigen.

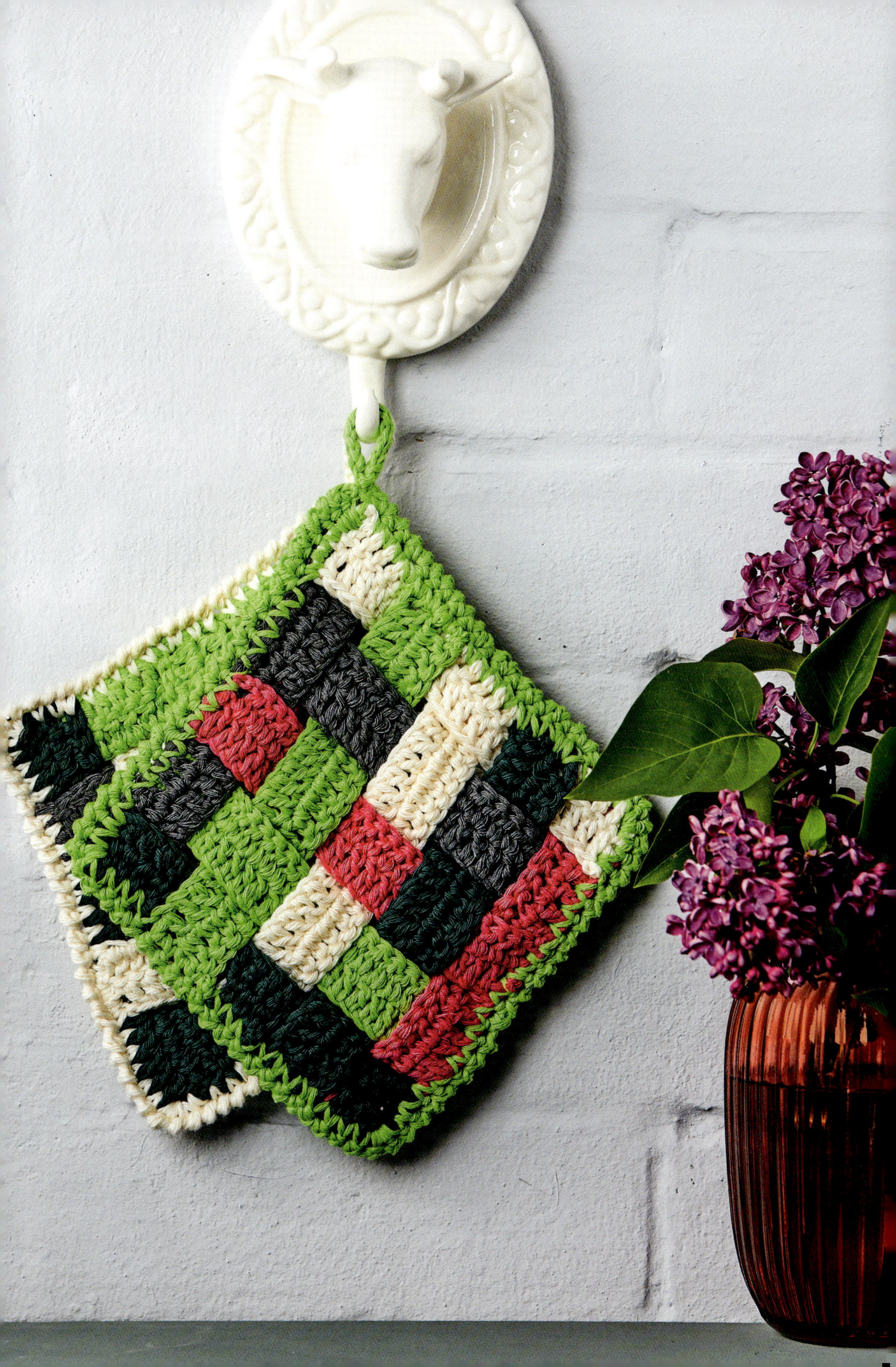

Für die Weinhachtsbäckerei

CREMEFARBENE TOPFLAPPEN MIT NOPPENMUSTER

Größe: 19 x 19 cm

MATERIAL

- 150 g Topflappengarn in Wollweiß (Woll Butt von Buttinette)
- Häkelnadel Nr. 3,5
- 2 Stoffbänder mit Sternen, 1 x 15 cm
- Nähmaschine

SO GEHT'S:

Noppe: 5 zusammen abgemaschte Stb in eine Einstichstelle arbeiten und mit 1 LM fixieren. Zwischen den Noppen muss immer eine fM gearbeitet werden.

In allen Rückreihen fM häkeln.

34 LM anschlagen und die erste fM in die 2. LM ab Nadel häkeln = 33 fM

2. R: 2 fM, 1 Noppe, 27 fM, 1 Noppe, 2 fM
4. R: 3 fM, 2 Noppen, 21 fM, 2 Noppen, 3 fM
6. R: 4 fM, 3 Noppen, 15 fM, 3 Noppen, 4 fM
8. R: 5 fM, 4 Noppen, 9 fM, 4 Noppen, 5 fM
10. R: 6 fM, 5 Noppen, 2 fM, 5 Noppen, 6 fM
12. R: 7 fM, 10 Noppen, 7 fM
14. R: 8 fM, 9 Noppen, 8 fM
16. R: 7 fM, 10 Noppen, 7 fM
18. R: 4 fM, 13 Noppen, 4 fM
20. R: 2 fM, 15 Noppen, 2 fM
22. R: 1 fM, 16 Noppen, 1 fM
24. R: 12 fM, 5 Noppen, 12 fM
26. R: 13 fM, 4 Noppen, 13 fM
28. R: 14 fM, 3 Noppen, 14 fM
30. R: 15 fM, 2 Noppen, 15 fM
32. R: 16 fM, 1 Noppe, 16 fM

Den gesamten Topflappen rundherum mit einer R fM umhäkeln und für den Aufhänger das Stoffband mit der Nähmaschine befestigen.

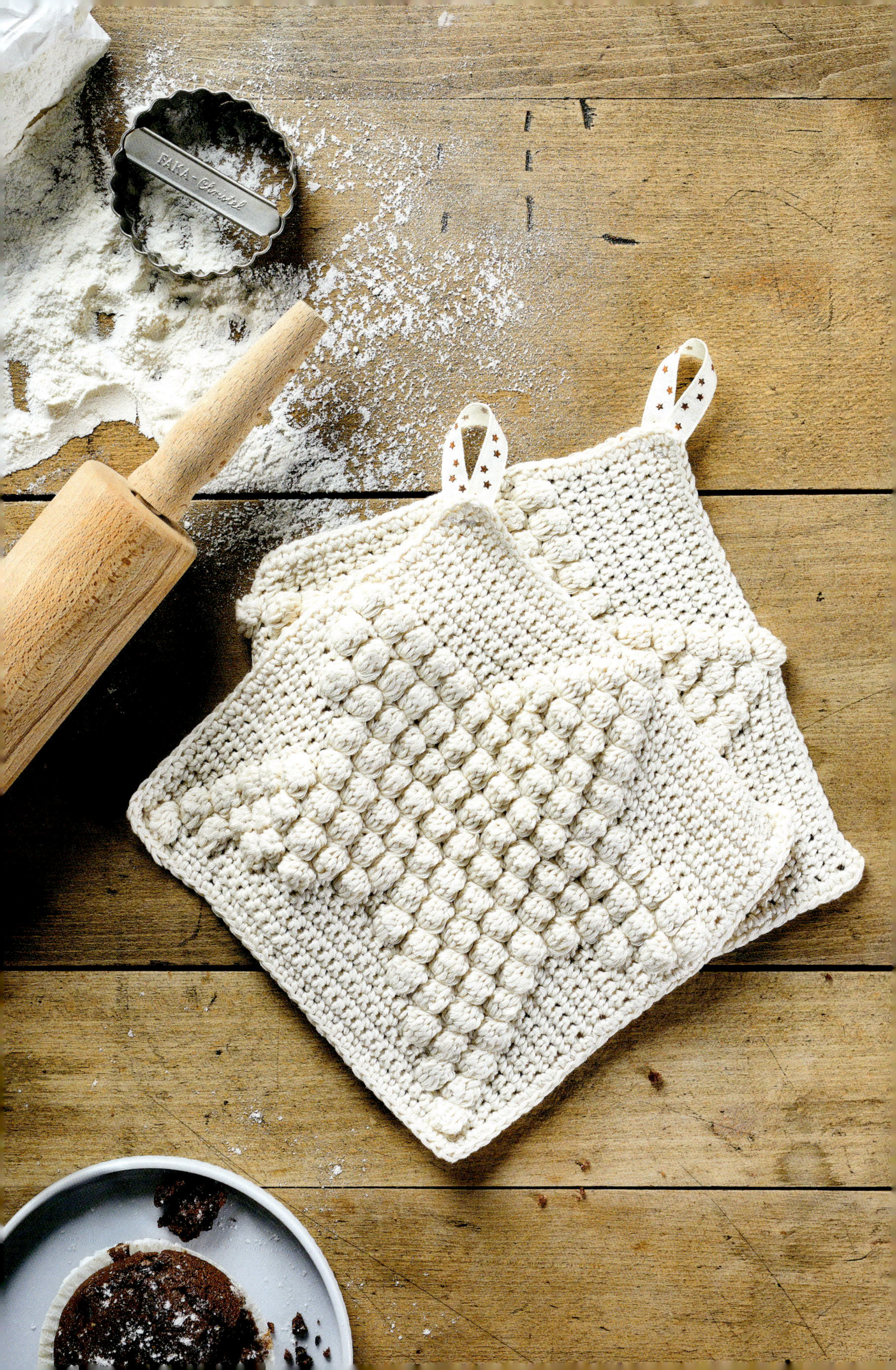

In edlem Grau

TOPFLAPPEN IN BLATTFORM

Größe: 19 cm lang

MATERIAL

- Je 50 g Topflappengarn in Anthrazit, 50 g in Grau (Woll Butt von Buttinette)
- Häkelnadel Nr. 3,5

SO GEHT'S:

31 LM anschlagen, die erste fM in die 2. LM häkeln. Weitere 28 fM häkeln. In die 30. LM 3 fM arbeiten. Die Arbeit nicht wenden, sondern entlang der unteren Anschlagkante fM zurück zum Anfang häkeln. Die Reihe endet eine Masche vor der letzten Masche der Vorrunde = 28 fM häkeln.

Ab jetzt in jeder Reihe nur in das hintere Maschenglied einstechen. In allen folgenden Reihen die Maschen häkeln wie sie erscheinen, dabei jeweils in die mittlere der 3 Eckmaschen der Vorrunde 3 fM häkeln. Um die Schräge Blattform zu bekommen endet jede Reihe 2 M vor der letzten M der Vorrunde. Immer mit einer Wendeluftmasche beginnen, wobei diese NICHT die erste fM der nächsten Reihe ersetzt. Auf diese Art und Weise weiterarbeiten, bis der Topflappen die gewünschte Größe erreicht hat.

Der Aufhänger wird in der letzten Rückreihe begonnen. Dafür in die drei Eckmaschen der Vorrunde wie folgt häkeln: 1 fM, 6 LM, 1 fM. In der letzten Hinreihe in den Luftmaschenbogen 10 fM häkeln und die Reihe wie gewohnt beenden.

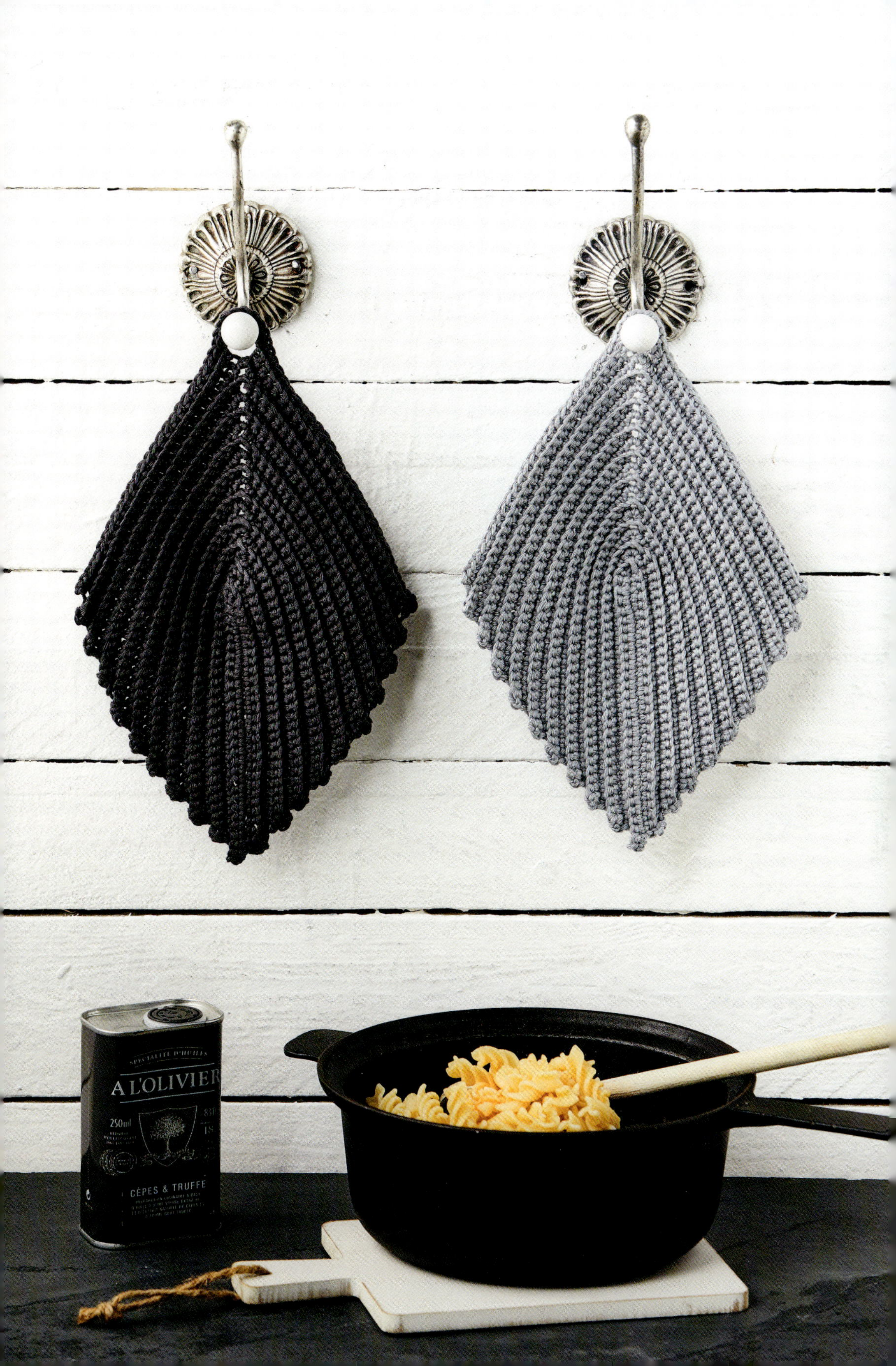
A L'OLIVIER
250ml
CÈPES & TRUFFE

Strandhäuschen

BUNTE MOTIV-TOPFLAPPEN

Größe: 24 x 17 cm

MATERIAL

- 100 g Topflappengarn in Altrosa (Woll Butt von Buttinette)
- Je 50 g Topflappengarn in Grau, Weiß, Rot (Woll Butt von Buttinette)
- Häkelnadel Nr. 3,5
- Nähgarn + Nähnadel
- 2 Knöpfe in Rot 10 mm

SO GEHT'S:

Für das Haus 26 LM plus 3 Wende LM in Altrosa anschlagen und 11 Reihen Stäbchen häkeln. In den folgenden 6 Reihen rechts und links jeweils 1 M abnehmen.

Für das Dach in Grau 50 LM plus 3 Wende LM anschlagen.

2. R: 18 Stb häkeln, 3 Stb in dieselbe Einstichstelle arbeiten, 12 Stb häkeln, 3 Stb in dieselbe Einstichstelle, 18 Stb häkeln.

3.R.: fM häkeln

Haustüre:

12 LM in Weiß anschlagen und 18 R fM häkeln, dabei jede R mit einer zusätzlichen LM beginnen. Die Türe mit einer R fM in Rot umhäkeln.

Rettungsring:

12 LM in Rot anschlagen und mit einer KM zum Ring schließen, in Weiß 3 LM häkeln und weitere 4 Stb arbeiten, abwechselnd 5 Stb in Rot, 5 Stb in Weiß häkeln bis von jeder Farbe jeweils 3 Gruppen entstanden sind. Die Runde mit einer KM schließen.

Aufhänger:

In Rot mit einer KM lt Foto am Dach anschlingen, 10 LM arbeiten und mit einer KM wieder an der Dachmitte befestigen, anschließend 12 fM in den Ring häkeln und mit einer KM am Dach beenden.

Alle Einzelteile wie abgebildet am Haus annähen.

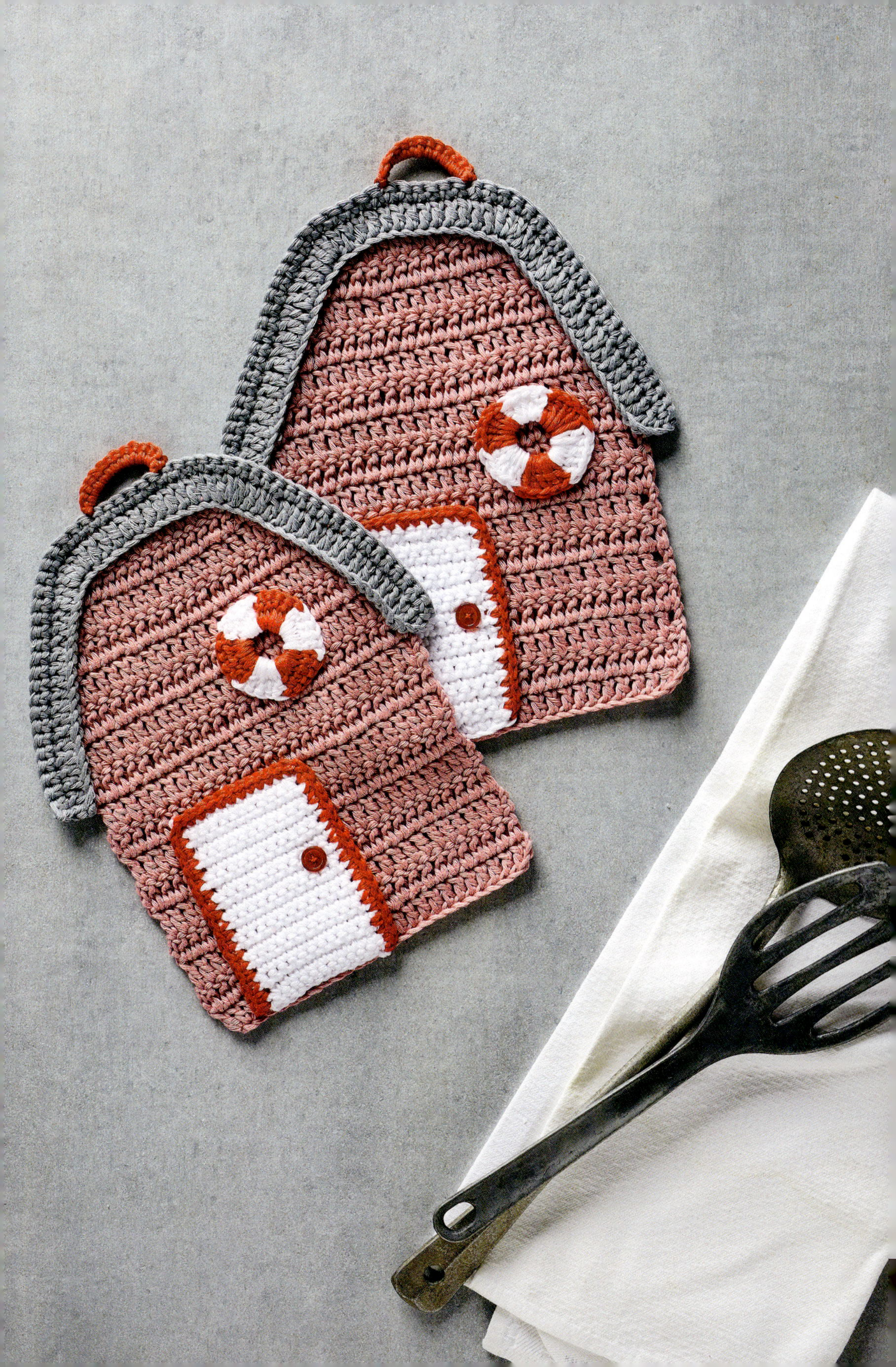

Black & white

ZWEIFARBIGE TOPFLAPPEN IN WEBTECHNIK

Größe: 14 x 20 cm

MATERIAL

- 100 g Topflappengarn in Weiß (Woll Butt von Buttinette)
- 50 g in Anthrazit (Woll Butt von Buttinette)
- Rest Topflappengarn in Hellgrün
- Häkelnadel Nr. 3,5

SO GEHT'S:

35 LM in Weiß anschlagen.

1. R: Das erste Stb in die 5. Masche von der Nadel aus häkeln, * 1 LM, die nächste M überspringen und das nächste Stb in die übernächste M häkeln*, von *bis* wiederholen – so entstehen 16 Zwischenräume.

2. R: 4 LM häkeln, *1 Stb in den ersten Zwischenraum, 1 LM*, von *-* wiederholen

Die Reihen 1 und 2 stets abwechselnd wiederholen, insgesamt werden 14 Reihen gehäkelt.

Für jeden Topflappen in Anthrazit eine ca. 4,80 m lange Luftmaschenkette häkeln. Am Ende den Faden abschneiden und eine lange Schlaufe ziehen, so kann die Luftmaschenkette am Schluss auf die korrekte Länge fixiert werden. Jetzt die Luftmaschenkette einmal von oben nach unten durch die Zwischenräume weben und anschließend gegengleich wieder zurück bis zum Ausgangspunkt. Anfang und Ende befestigen.

Für den Aufhänger in Hellgrün mittig an der schmalen Seite anschlingen, 12 LM häkeln und mit einer KM am Topflappen befestigen. Anschließend 12 fM in den Ring häkeln und mit einer KM am Topflappen anschlingen und enden.

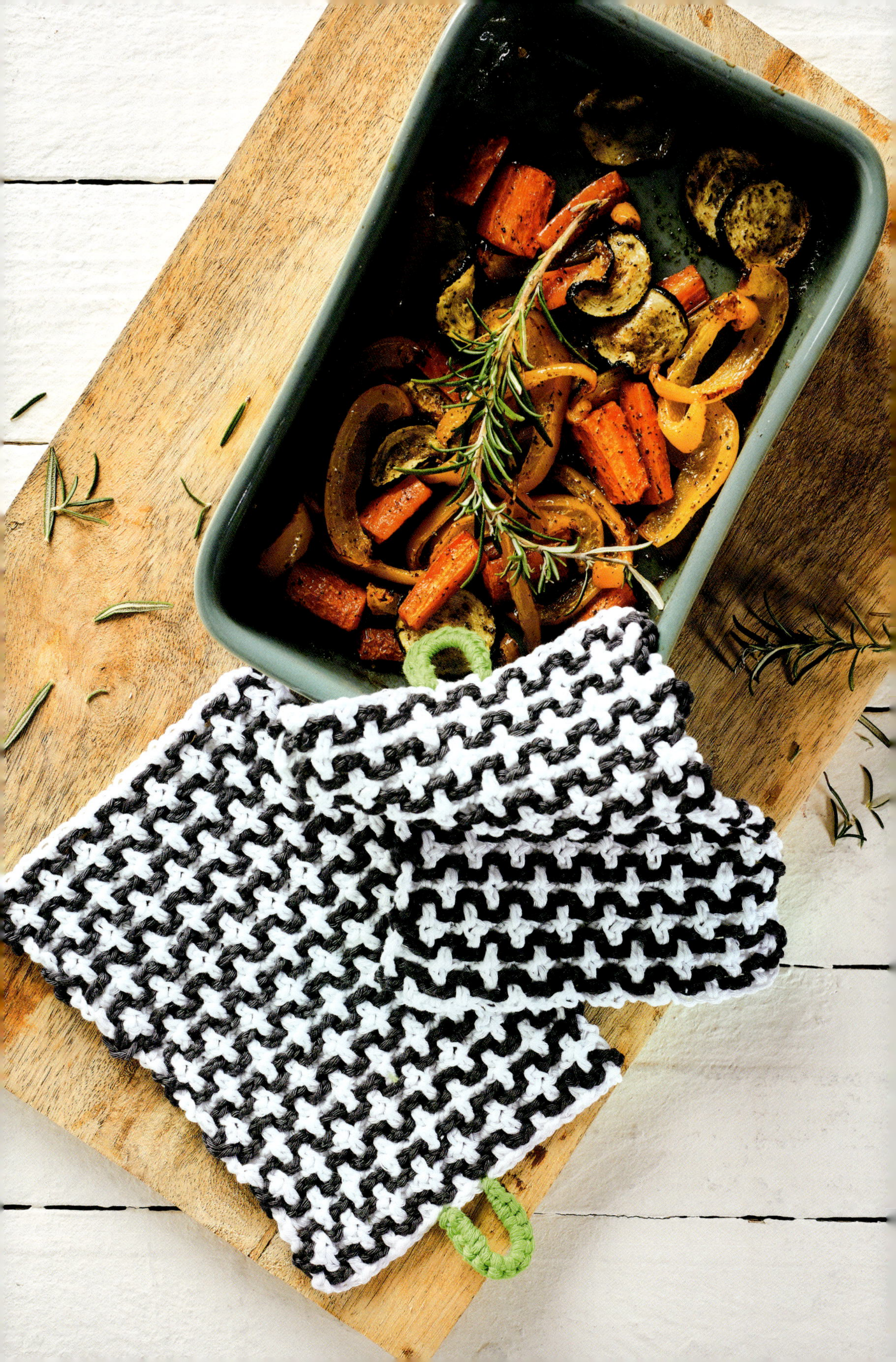

Süß & saftig

TOPFLAPPEN IN APFEL- UND BIRNENFORM

Größe: ca. 19 cm

MATERIAL

- 100 g Topflappengarn in Weiß (Woll Butt von Buttinette)
- Reste in Rot, Hellgrün (Woll Butt von Buttinette)
- Reste in Dunkelgrün, Schwarz (Record 210 von Schoeller + Stahl)
- Häkelnadel Nr. 3,5
- Nähgarn und Nähnadel

SO GEHT'S:

Apfel:

In Weiß in einen Fadenring 12 fM häkeln und mit einer KM zur Runde schließen.

2. Rd: Stb häkeln und jede M verdoppeln = 24 M

3. Rd: Stb häkeln und jede 2. M verdoppeln = 36 M

4. Rd: 36 hStb häkeln

5. Rd: 36 hStb häkeln

6. Rd: hStb häkeln und jede 3. M verdoppeln = 48M

7. Rd: hStb häkeln und jede 4. M verdoppeln = 60M

8. Rd: hStb häkeln und jede 5. M verdoppeln = 72M

9. und 10. Rd: 6fM, 3hStb, 10Stb, 3hStb, 5fM, 2hStb, 3Stb, 2hStb, 4fM, 2hStb, 3Stb, 2hStb, 5fM, 3hStb, 10Stb, 3hStb, 6fM

11. Rd in Rot: 6fM, 2Stb in die nächste M, *4Stb, 2 Stb in die nächste M*, von *-* noch 4 x wiederholen, 8 fM, 2Stb in die nächste M, *4Stb, 2 Stb in die nächste M*, von *-* noch 4 x wiederholen, 6 fM

Birne:

In Weiß in einen Fadenring 12 fM häkeln und mit einer KM zur Runde schließen.

2. Rd: Stb häkeln und jede M verdoppeln = 24 M

3. Rd: Stb häkeln und jede 2. M verdoppeln =

36 M
4. Rd: 36 hStb häkeln
5. Rd: 36 hStb häkeln
6. Rd: hStb häkeln und jede 3. M verdoppeln = 48M
7. Rd: hStb häkeln und jede 4. M verdoppeln = 60M
8. Rd: hStb häkeln und jede 5. M verdoppeln = 72M
9. Rd: hStb häkeln und jede 6. M verdoppeln = 84M

Ab jetzt wird in Reihen gehäkelt, dabei jede R mit einer WendeLM beginnen.
1. R: 2 fM, 1 hStb, 17 Stb, 1hStb, 2fM
2. R: 2 fM zusammen abmaschen, 1hStb, 16Stb, 1hStb, 2fM zusammen abmaschen
3. R: 2 x 2 fM zusammen abmaschen, 1 hStb, 10 Stb, 1 hStb, 2 x 2 fM zusammen abmaschen
4. R: 2 x 2 fM zusammen abmaschen, 1 hStb, 6 Stb, 1 hStb, 2 x 2 fM zusammen abmaschen
Als Abschluss eine Rd Stb in Hellgrün häkeln.

Blatt für Apfel und Birne:
12 +2 LM in Dunkelgrün bzw. Hellgrün anschlagen, in die 3. Masche von der Nadel aus die 1. fM häkeln, fortfahren mit 1 fM, 2hStb, 2 Stb, 1 DStb, 2 Stb, 2 hStb, 1fM, 2 fM in dieselbe Einstichstelle und gegengleich auf der anderen Seite der Anschlagreihe das Blatt fertigstellen. Das Blatt mit Nähgarn am Apfel bzw. der Birne befestigen. Mit der Stopfnadel in die Topflappenmitte bei der Birne in Schwarz, beim Apfel in Dunkelgrün laut Foto 2 bzw. 6 Stiche anbringen.

Aufhänger für Apfel und Birne:
In Dunkel- bzw. Hellgrün laut Foto anschlingen,12 LM häkeln und mit einer KM zur Schlaufe befestigen.

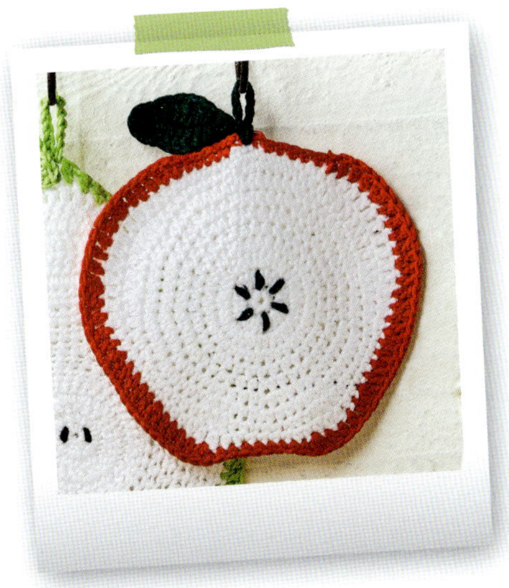

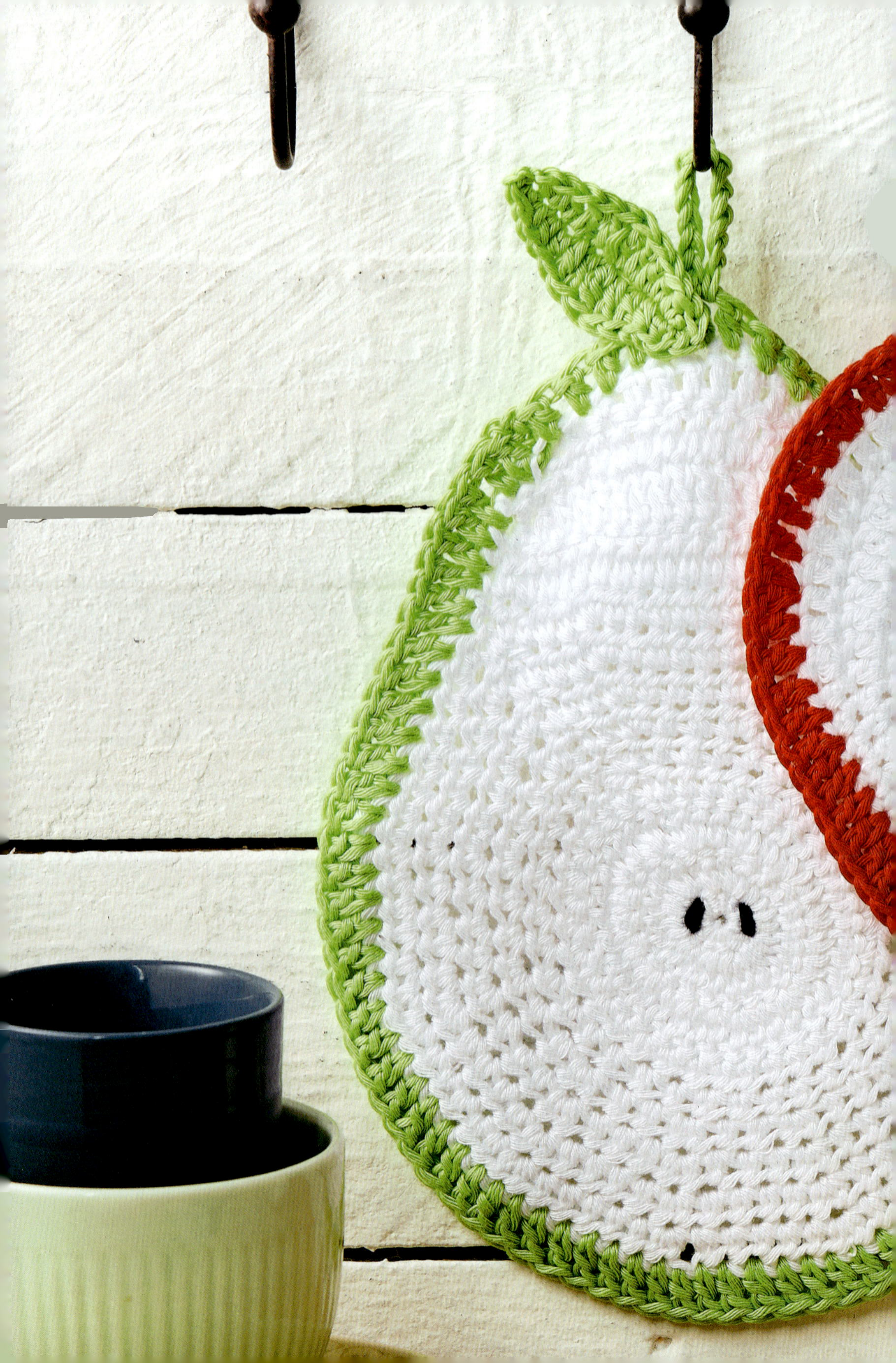

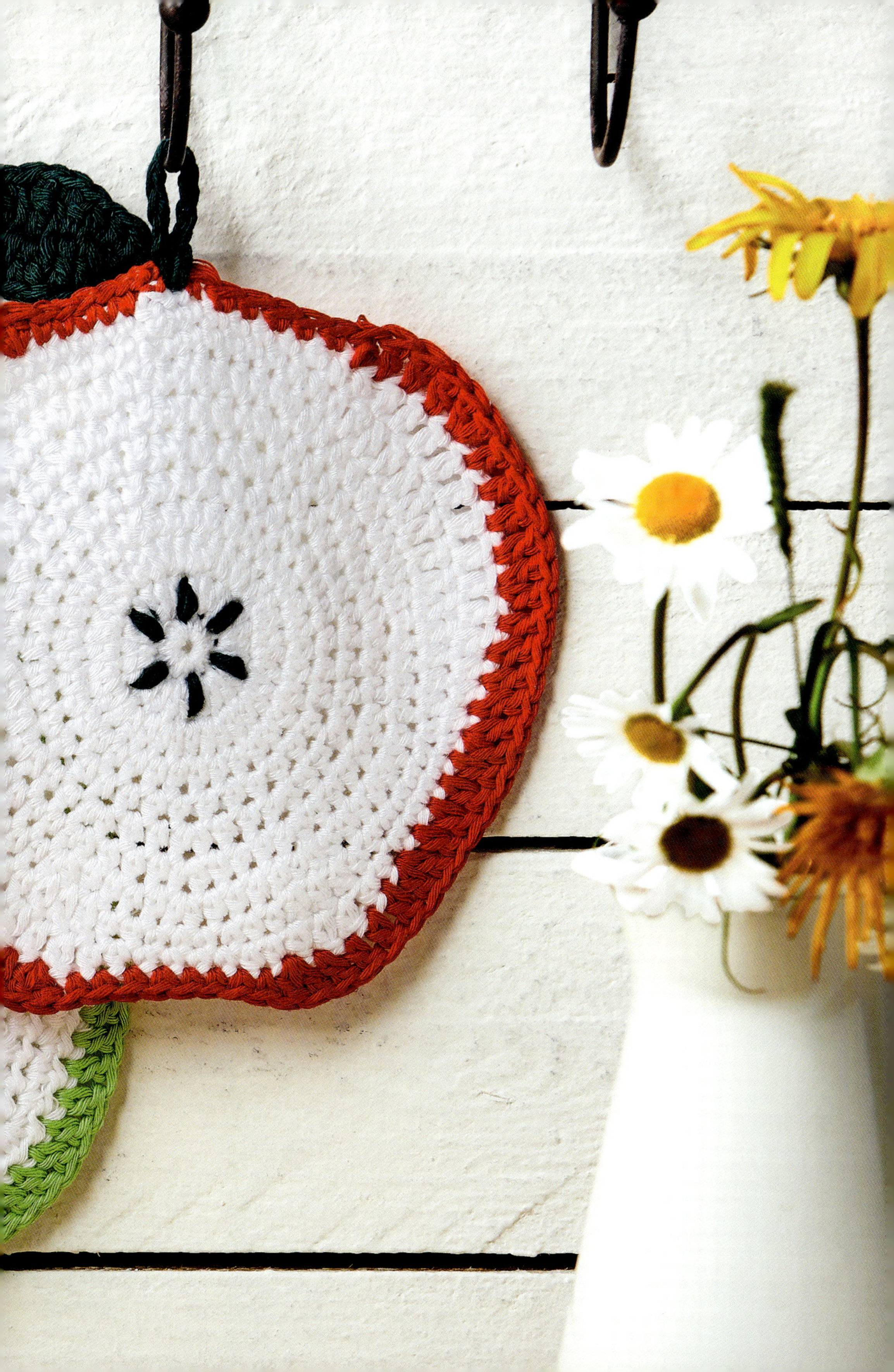

Pinke Hingucker

TOPFLAPPEN MIT KORBMUSTER

Größe: 24 x 18 cm

MATERIAL

- 100 g Baumwollgarn in Pink (Record 210 von Schoeller + Stahl)
- Häkelnadel Nr. 3,5

SO GEHT'S:

40 LM anschlagen, in die 4. LM von der Nadel aus das erste Stb häkeln, weitere 39 Stb häkeln. Jede Reihe mit 3 WendeLM als Ersatz für das 1. Stb beginnen.

2. R: 3 Wende LM arbeiten, jetzt immer abwechselnd jeweils 4 Reliefstäbchen „von *vorne*" und 4 Reliefstäbchen „von *hinten*" arbeiten, am Ende der Reihe 1 Stäbchen in die 3. LM der Vorrunde

3. R: 3 Wende LM, die Reliefstäbchen arbeiten wie sie erscheinen (d.h. die Reliefstäbchen „von vorne" der Vorrunde erscheinen in der Rückreihe als Reliefstäbchen „von hinten")

4. R: Jetzt wird das Muster versetzt, d.h. auf die Reliefstäbchen „vorne" der Vorreihe werden Reliefstächen „hinten" gearbeitet. So entsteht das Karomuster.

5. R. Die Maschen häkeln wie sie erscheinen

6. R: Das Muster wieder tauschen und fortfahren wie in R 2 und 3 beschrieben bis insgesamt 9 Mustersätze entstanden sind.

Den Topflappen mit einer Runde fM umhäkeln, dabei in die Ecken jeweils 3 fM in eine Einstichstelle arbeiten. Am Ende der Runde für den Aufhänger 10 LM häkeln und mit einer KM am Topflappen befestigen. 10 KM zurück arbeiten und die Schlaufe mit einer weiteren KM am Topflappen befestigen.

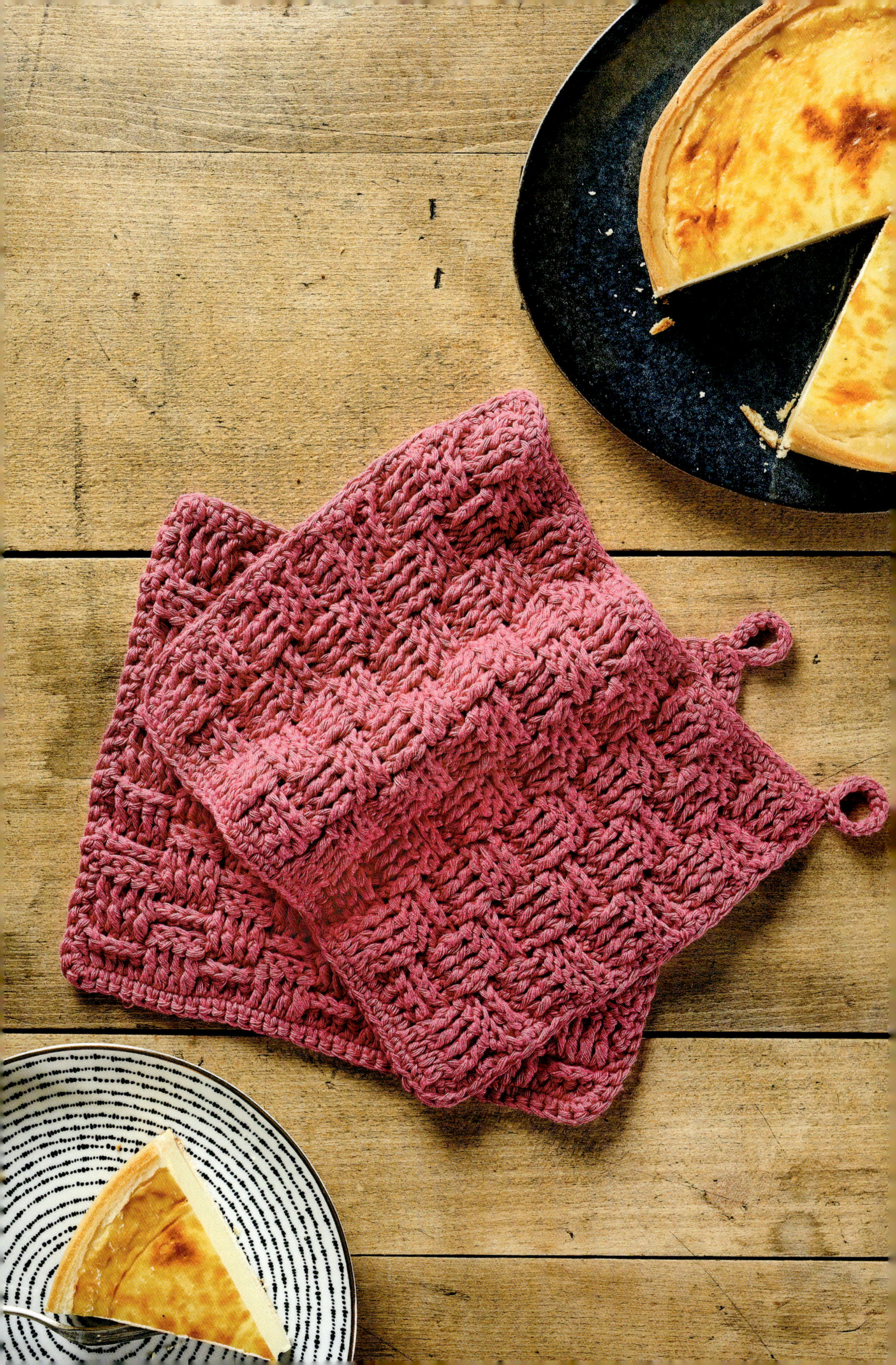

Natürlich

TOPFLAPPEN MIT SPIRALMUSTER

Größe: 17 cm Durchmesser

MATERIAL

- Je 2 x 50 g Topflappengarn in Weiß, Leinen (Woll Butt von Buttinette)
- Häkelnadel Nr. 3,5

SO GEHT'S:

Aufgrund des Farbwechsels bietet es sich hier an mit jeweils 2 Knäul pro Farbe zu arbeiten.

4 LM in Weiß anschlagen und mit einer KM zur Runde schießen.

1. Rd:
In den Ring in Weiß mit Knäul 1: 1fM, 1hStb, 2Stb (Schlinge lang ziehen = Bündel)
In Leinen mit Knäul 1: 1 fM, 1hStb, 2Stb
In Weiß mit Knäul 2: 1LM, 1fM, 1hStb, 2Stb
In Leinen mit Knäul 2: 1 fM, 1hStb, 2Stb

2. Rd:
Die Häkelnadel in das erste weiße Bündel einlegen und in jede M des nächsten Bündels 2 Stb häkeln = 8Stb
Genauso die restlichen 3 Bündel bearbeiten.

3. Rd:
Die Häkelnadel in das weiße Bündel, das den Reihenanfang bildet einlegen und wie folgt häkeln: 1 Stb, 2 Stb in die folgende M, 1 Stb, 2 Stb in die folgende M - so weiterarbeiten bis zum Ende der Reihe = 12 M
Genauso die restlichen 3 Bündel bearbeiten.

Alle folgenden Runden auf dieselbe Art und Weise häkeln bis der Topflappen die gewünschte Größe erreicht hat.

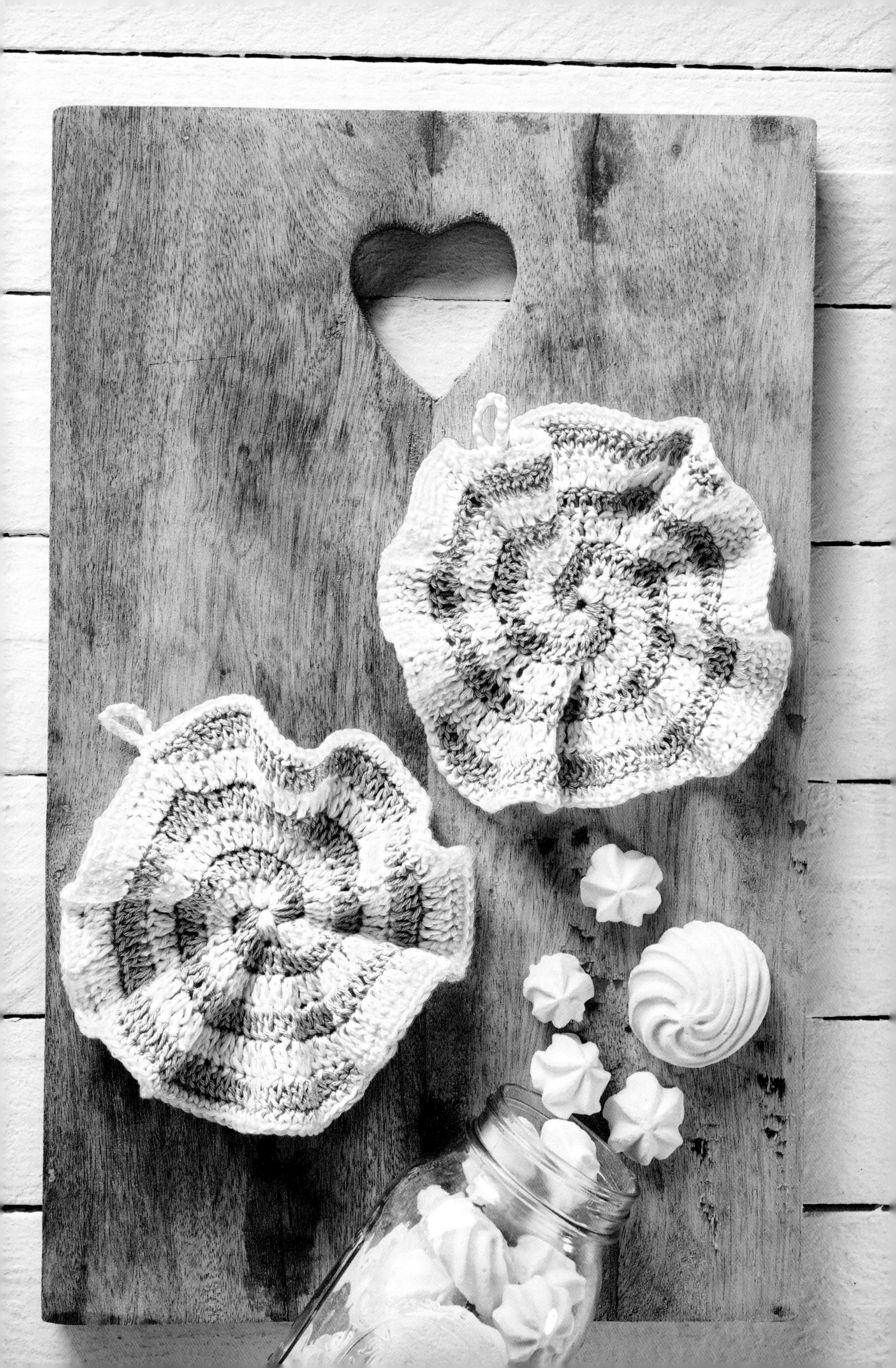

In der letzten Reihe jedes Bündel wie folgt beenden: 2 Stb, 1hStb, 1fM, 1KM

Den Topflappen zum Abschluss mit einer R fM umhäkeln, für den Aufhänger 12 LM häkeln und diese mit einer KM am Topflappen befestigen.

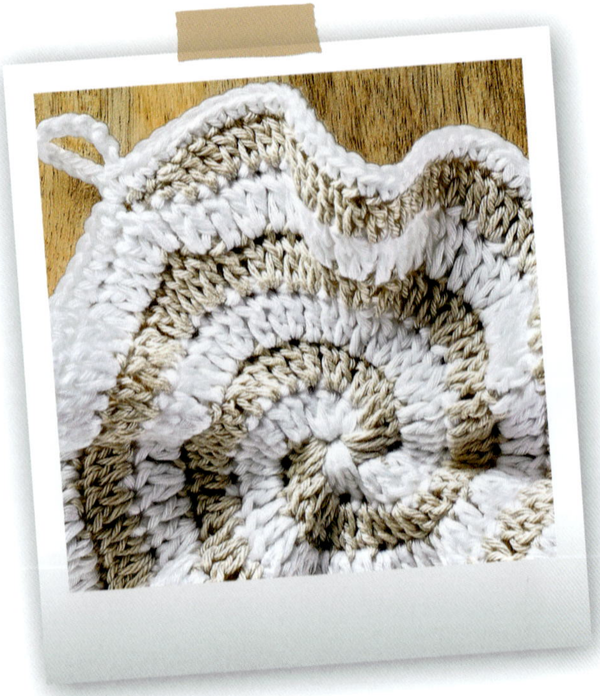

Frühlingsfrisch

TOPFLAPPEN IN DOUBLE-FACE-TECHNIK

Größe: 15 x 15 cm

MATERIAL

- 100 g Topflappengarn in Orange (Woll Butt von Buttinette)
- 100 g Baumwollgarn in Pink (Record 210 von Schoeller + Stahl)
- Häkelnadel Nr. 4
- 2 Schlüsselringe in Blütenform, 3,5 cm

SO GEHT'S:

30 LM in Pink anschlagen und das erste Stb in die 4. LM von der Nadel aus arbeiten, weitere 2 Stb in die nächsten 2 M arbeiten, 2 LM, 2 M überspringen, weitere 4 Stb in die nächsten 4 LM arbeiten, so fortfahren bis zum Reihenende. Die Schlaufe langziehen und mit der zweiten Farbe (Orange) in der unteren Anschlagkante wie folgt weiterarbeiten: in das zuletzt gehäkelte Stäbchen 3 LM arbeiten (=Ersatz für das erste Stb), 2 LM, *1 Stb 2 LM 1 Stb in den ersten Zwischenraum der Vorreihe arbeiten, 2 LM und ab * wiederholen, die Reihe beenden mit einem Stb in die unterste der 3 LM der Vorrunde, die das erste Stb gebildet haben.

In der nächsten Reihe die beiden ersten Reihen zusammenhäkeln. Dazu die Häkelnadel in die Schlaufe in Pink einlegen, die beiden Reihen zusammenklappen (die Reihe in Pink liegt vorne) und mit der Häkelnadel in die dritte LM in Orange einstechen, den Faden holen und durchziehen. 5 LM, * in die folgenden zwei übereinanderliegenden Zwischenräume 4 Stb häkeln (so werden die Vorder- und Rückseite miteinander verbunden), 2 LM und ab * wiederholen. Enden mit einem Stb.

In Orange weiterarbeiten, dazu die Arbeit wenden. Gehäkelt wird jetzt NUR in die Vorreihe in Orange. Die Häkelnadel in die Schlaufe in

Orange einlegen und 3 LM häkeln (= erstes Stb), 2 LM, 1 Stb in den folgenden Zwischenraum arbeiten, * 2 LM, 1 Stb 2 LM 1 Stb in den nächsten freien Zwischenraum arbeiten, ab * wiederholen.

In der folgenden Reihe die Vorder- und Rückseite wieder zusammenhäkeln, jetzt liegt die Seite in Orange vorne. Die Häkelnadel in die 3. LM in Orange einstechen, die Schlaufe in Pink holen und durchziehen. 3 LM (= 1. Stb) weitere 3 Stb in den ersten Zwischenraum häkeln, dabei beide Seiten zusammenhäkeln, *2 LM, 4 Stb in den nächsten Zwischenraum arbeiten, ab * wiederholen.

Die Arbeit wenden und in Orange wie oben beschrieben weiterarbeiten. So fortfahren, bis der Topflappen die gewünschte Größe erreicht hat. Zum Abschluss den Topflappen mit einer Reihe Krebsmaschen umhäkeln und die Schlüsselringe einhängen.

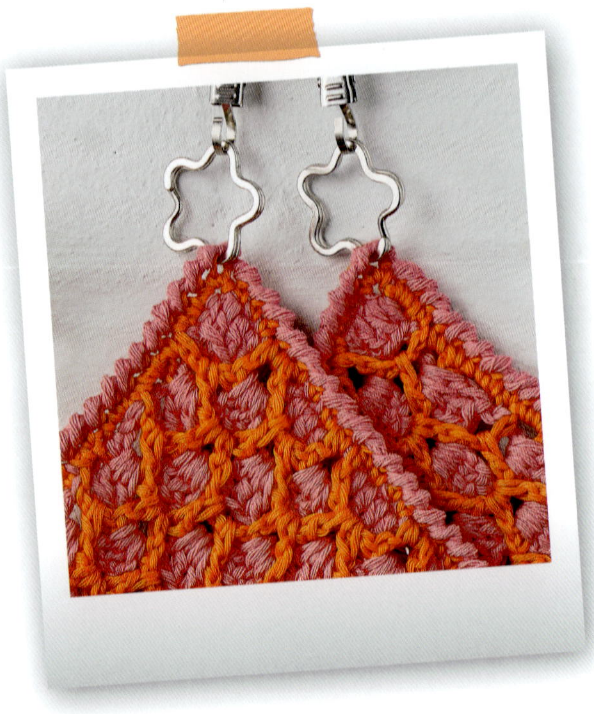

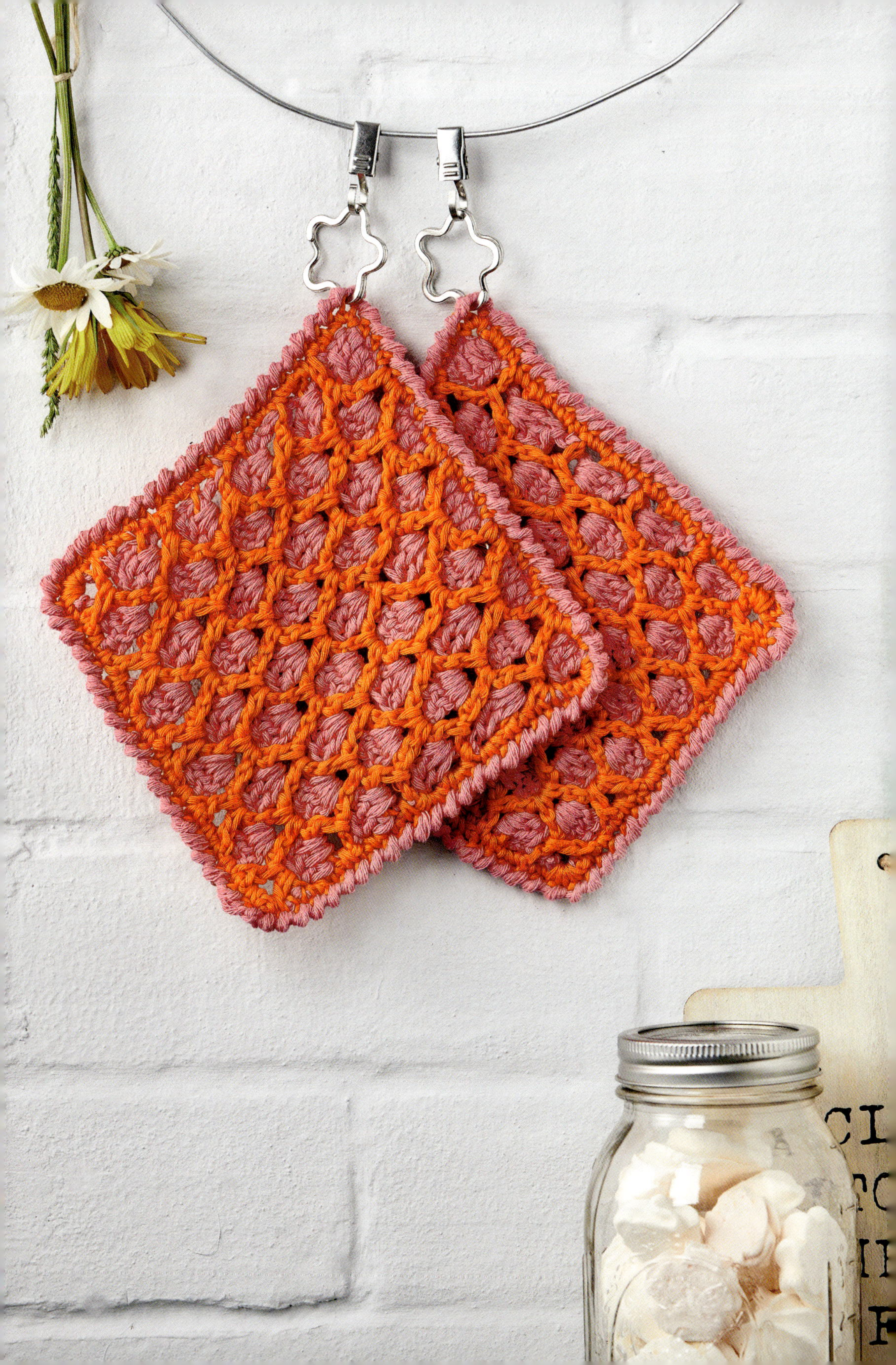

Tierisch

TOPFLAPPEN IN MAUSFORM

Größe: ca. 20 cm lang

MATERIAL

- 100 g Topflappengarn in Grau (Woll Butt von Buttinette)
- Reste in Rot, Schwarz
- Häkelnadel Nr. 3,5
- 2 Knöpfe in Herzform in Rot, 2 cm

SO GEHT'S:

(Die ungeraden Reihen sind Hinreihen und ergeben das Gesicht der Maus)

40 LM in Grau anschlagen.

1. R: 40 fM häkeln

2. R: die 1. und 2. M zusammen abmaschen = 39 M

3. R: die ersten beiden Maschen zusammen abmaschen, die letzte Masche der Reihe verdoppeln

4. R: die letzten beiden M dieser Reihe zusammen abmaschen

5. R: die ersten beiden M dieser Reihe zusammen abmaschen, die letzte M der Reihe verdoppeln

6. R: die erste Masche der Reihe verdoppeln

7. R: die ersten beiden M dieser Reihe zusammen abmaschen

8. R: die letzten beiden M dieser Reihe zusammen abmaschen

9. R: die letzte Masche der Reihe verdoppeln

10. R: am Ende dieser Reihe 2 x 2 M zusammen abmaschen

11. R: die ersten beiden M dieser Reihe zusammen abmaschen

12. R: die ersten beiden M dieser Reihe zusammen abmaschen

13. & 14. R: die M häkeln wie sie erscheinen

15. R: die ersten beiden M dieser Reihe zusammen abmaschen

16. R: die ersten beiden M dieser Reihe zusammen abmaschen
17., 18. & 19. R: jeweils die ersten beiden M dieser Reihen zusammen abmaschen
20. R: die M häkeln wie sie erscheinen
21. – 26. R: jeweils die ersten beiden M dieser Reihen zusammen abmaschen
27. R: jeweils 2 x 2 M am Anfang und Ende dieser Reihe zusammen abmaschen
28. R: die M häkeln wie sie erscheinen

Die Maus komplett mit einer Reihe fM umhäkeln, an den Ecken jeweils 3 fM in eine Einstichstelle arbeiten.

Ohr:
In Rot 5 LM anschlagen
1. R: die erste fM in die 4. LM von der Nadel aus arbeiten und weitere 3 fM häkeln
2. R: jeweils 2 fM in die erste und letzte M der Vorreihe arbeiten = 6 M
3. R: die 1. und 2. sowie die 5. und 6. M zusammen abmaschen = 4 fM
4. R: die 1. und 2. sowie die 3. und 4. M zusammen abmaschen = 2 fM
5. R: das Ohr mit einer Rd fM komplett umhäkeln

Aufhänger:
15 LM mit doppeltem Faden in Grau und Rot häkeln und mit einer KM laut Foto am Mäusekörper befestigen.

Das Ohr mit Nähgarn befestigen. Die Nase mit schwarzem Garn aufnähen, dabei die Enden als Schnurrhaare überstehen lassen. Ein Auge in Schwarz aufsticken.

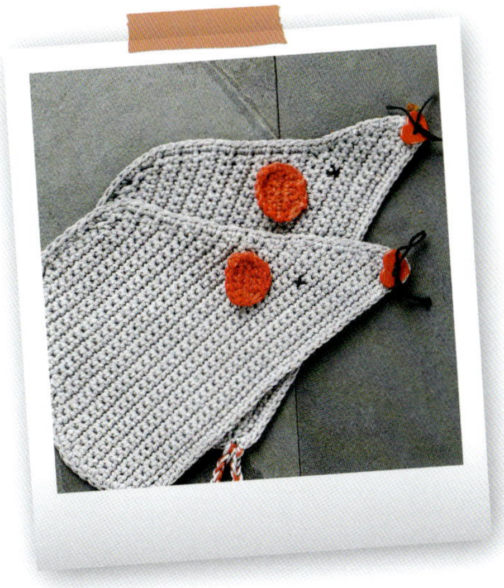

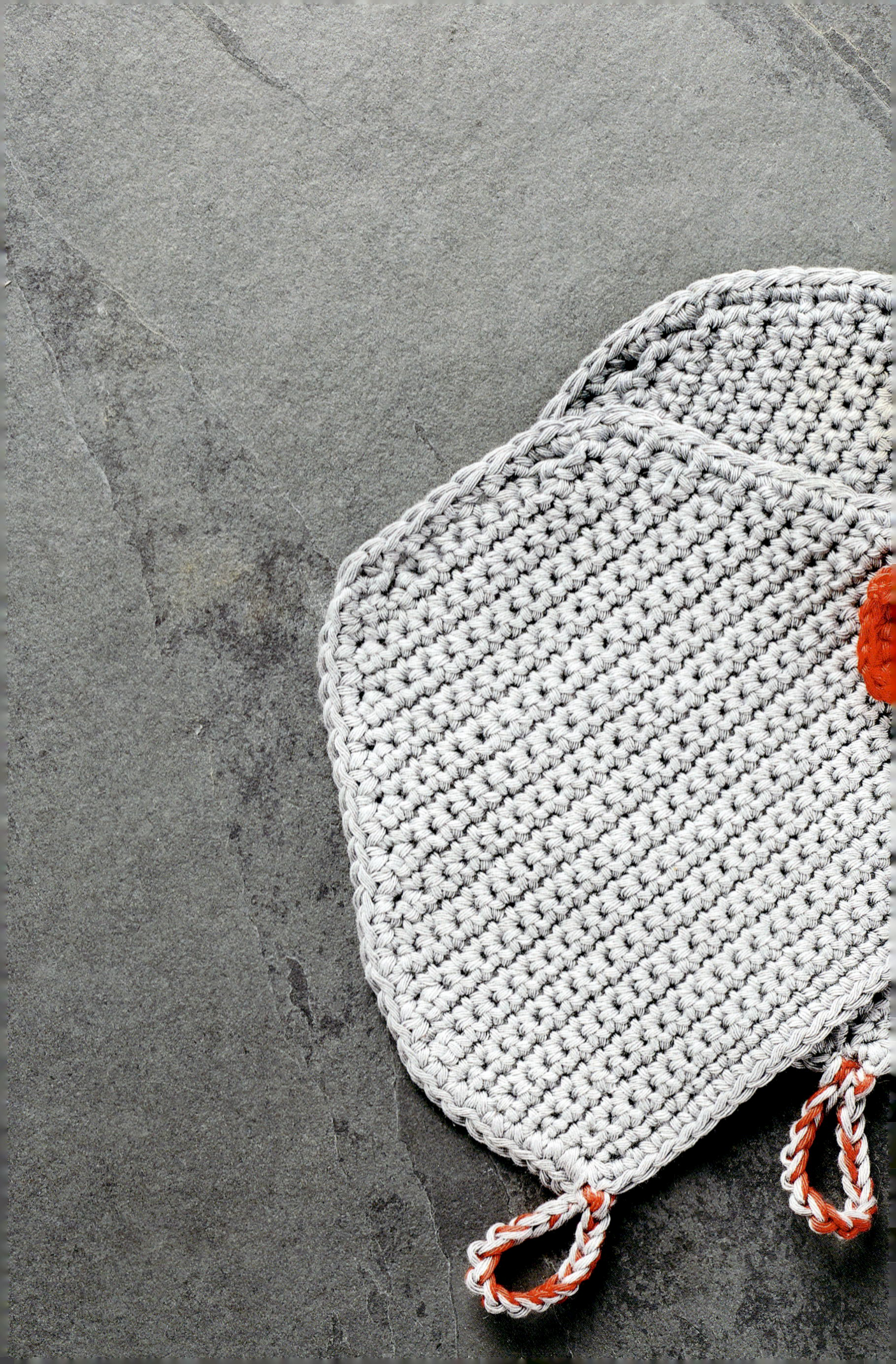

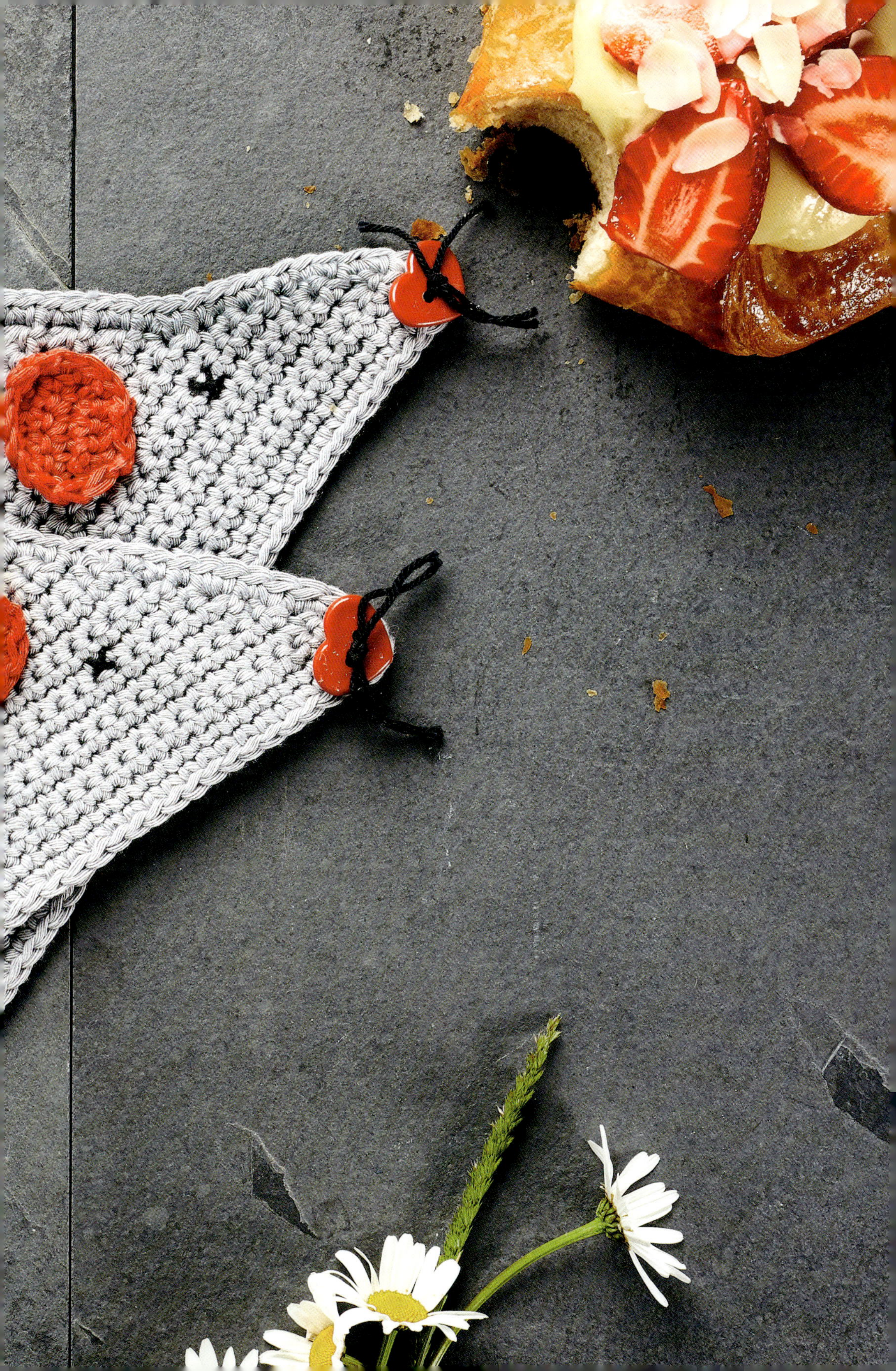

Perfektes Duo

TOPFLAPPEN IN AVOCADO- UND SPIEGELEIFORM

Größe: ca. 19 cm

MATERIAL

- Je 50 g Topflappengarn in Hellgrün, Weiß (Woll Butt von Buttinette)
- Reste in Beige, Gelb (Woll Butt von Buttinette)
- Rest Baumwollgarn in Dunkelgrün (Record 210 von Schoeller + Stahl)
- Füllwatte
- Häkelnadel Nr. 3,5

SO GEHT'S:

AVOCADO:

Avocadokern – Vorderseite:

In einen Fadenring in Beige 6fM häkeln und mit einer KM zur Runde schließen

1. Rd: jede M der Vorrunde verdoppeln = 12 M
2. Rd: jede 2. M der Vorrunde verdoppeln = 18M
3. -6. Rd: jeweils 18 fM häkeln

Avocadokern – Rückseite:

In einen Fadenring in Beige 6fM häkeln und mit einer KM zum Ring schließen

1. Rd: jede M der Vorrunde verdoppeln = 12M
2. Rd: jede 2. M der Vorrunde verdoppeln = 18M
3. - 4 Rd: jeweils 18 fM häkeln

In der nächsten Runde die Vorder- und Rückseite des Avocadokerns in Hellgrün zusammenhäkeln, dabei den Kern rechtzeitig mit etwas Füllwatte ausstopfen. Nun weiter in Runden mit fM häkeln.

1. Rd: jede 2. M. verdoppeln = 27 M
2. Rd: jede 3. M verdoppeln = 36 M
3. Rd: jede 4. M verdoppeln = 45 M
4. Rd: 45 fM häkeln
5. Rd: jede 5. M verdoppeln 54 M
6. Rd: jede 6. M verdoppeln 63 M
7. Rd: jede 7. M verdoppeln 72 M
8. Rd: jede 8. M verdoppeln 81 M

Weiter Stäbchen in Reihen häkeln, dabei jeweils 1 WendeLM arbeiten, wobei diese NICHT die erste M ersetzt:

9. R: 1 fM, 1hStb, 12Stb, 1hStb, 1fM – dann wenden
10. R: 1 fM, 2hStb, 10 Stb, 2hStb, 1fM – dann wenden
11. R: 1fM, 2hStb, 1Stb, die folgenden 8Stb jeweils verdoppeln, 1Stb, 2hStb, 1fM
12. R: 8KM, 1hStb, 6Stb, 1hStb, 8KM
13. Rd: den gesamten Topflappen mit einer Runde fM umhäkeln, dabei jeweils 2 fM in die 6 Stb der Vorrunde arbeiten und 3 Stb in die Anfangs- und Endmasche von Reihe 9 arbeiten.
14. Rd: fM häkeln
15. Rd: fM in Dunkelgrün häkeln, dabei für den Aufhänger an der oberen Mitte 14 LM häkeln, diese in der Rückreihe mit 14 KM behäkeln, mit einer weiteren KM am Topflappen befestigen und die Runde beenden.

In Dunkelgrün rund um den Kern herum auf der Vorderseite 1 R KM häkeln.

SPIEGELEI:

Das Eigelb 2 x in Gelb häkeln:
6 fM in einen Fadenring häkeln, mit einer KM zur Runde schließen und weiter fM arbeiten.

1. Rd: jede M verdoppeln = 12 M
2. Rd: jede 2. M verdoppeln = 18M
3. Rd: jede 2. M verdoppen = 27 M

Beide Eigelbhälften links auf links aufeinanderlegen und in Weiß zusammenhäkeln, dabei rechtzeitig mit etwas Füllwatte ausstopfen.
4. Rd: 27 fM häkeln
5. Rd: jede 2. M verdoppeln und einmal jede 3. M verdoppeln = 40 M
6. Rd: 40 fM häkeln
7. Rd: jede 3. M verdoppeln und zweimal jede 2. M verdoppeln = 54 M
8. Rd: 12 fM häkeln, 6 M frei lassen, dann 22 fM häkeln, 4 M frei lassen, 5 fM häkeln, 5 M freilassen
9. Rd: 8 fM, 12 M freilassen, 15 fM häkeln, die restlichen M freilassen
10. Rd: 9 fM, 14 M frei lassen, 10 fM häkeln, die restlichen M freilassen
11. Rd: 22 M frei lassen, 11 fM häkeln, die restlichen M freilassen
12. Rd.: fM auf alle Maschen inklusive der frei gelassenen häkeln
13. Rd: jede 6. M verdoppeln = 63 M
14. Rd: 63 fM in Beige häkeln, dabei für den Aufhänger an der oberen Mitte 14 LM häkeln, in der Rückreihe 14 KM arbeiten, mit einer weiteren KM am Topflappen befestigen und die Runde beenden.

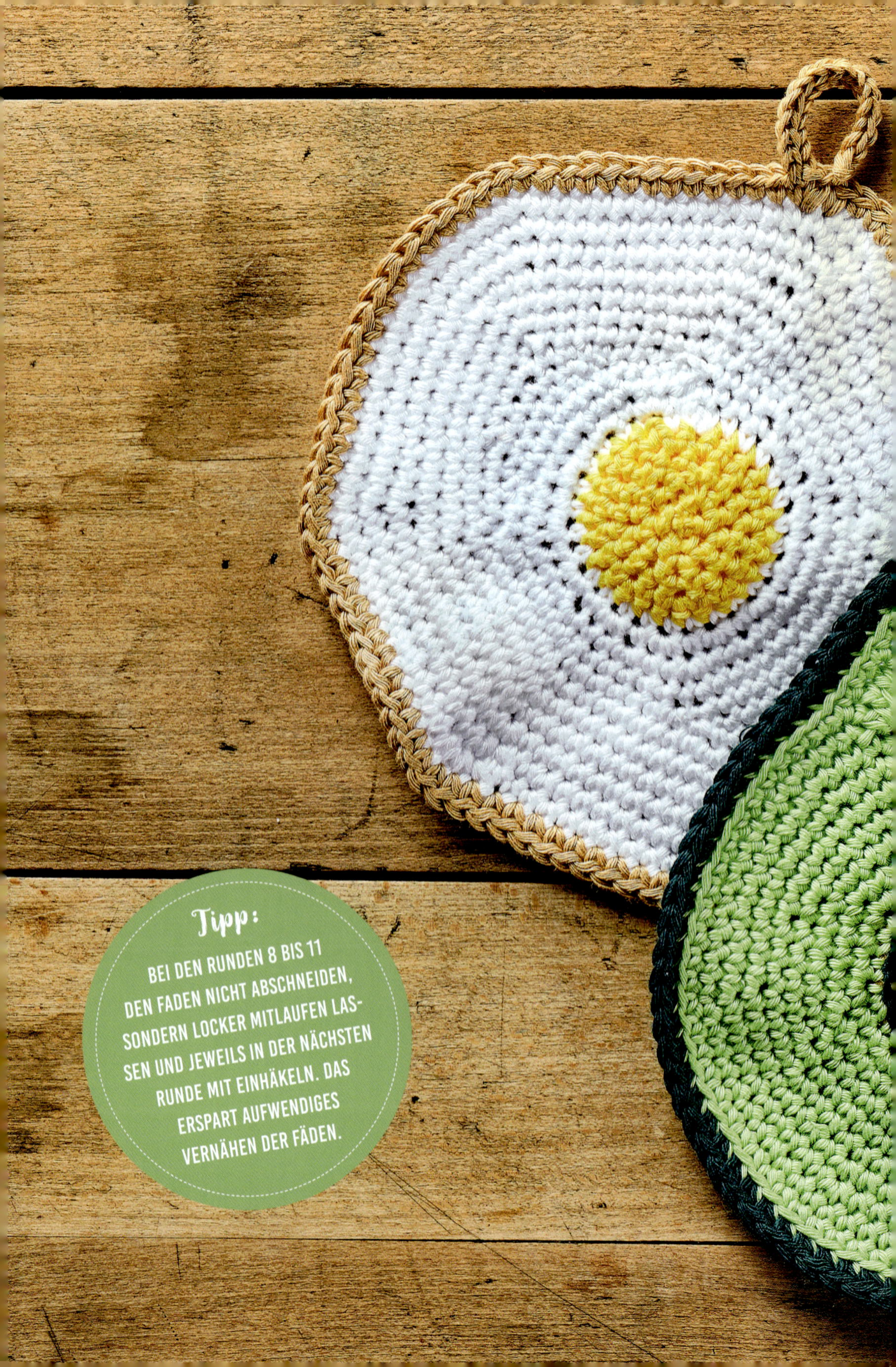

Tipp:

BEI DEN RUNDEN 8 BIS 11 DEN FADEN NICHT ABSCHNEIDEN, SONDERN LOCKER MITLAUFEN LASSEN UND JEWEILS IN DER NÄCHSTEN RUNDE MIT EINHÄKELN. DAS ERSPART AUFWENDIGES VERNÄHEN DER FÄDEN.

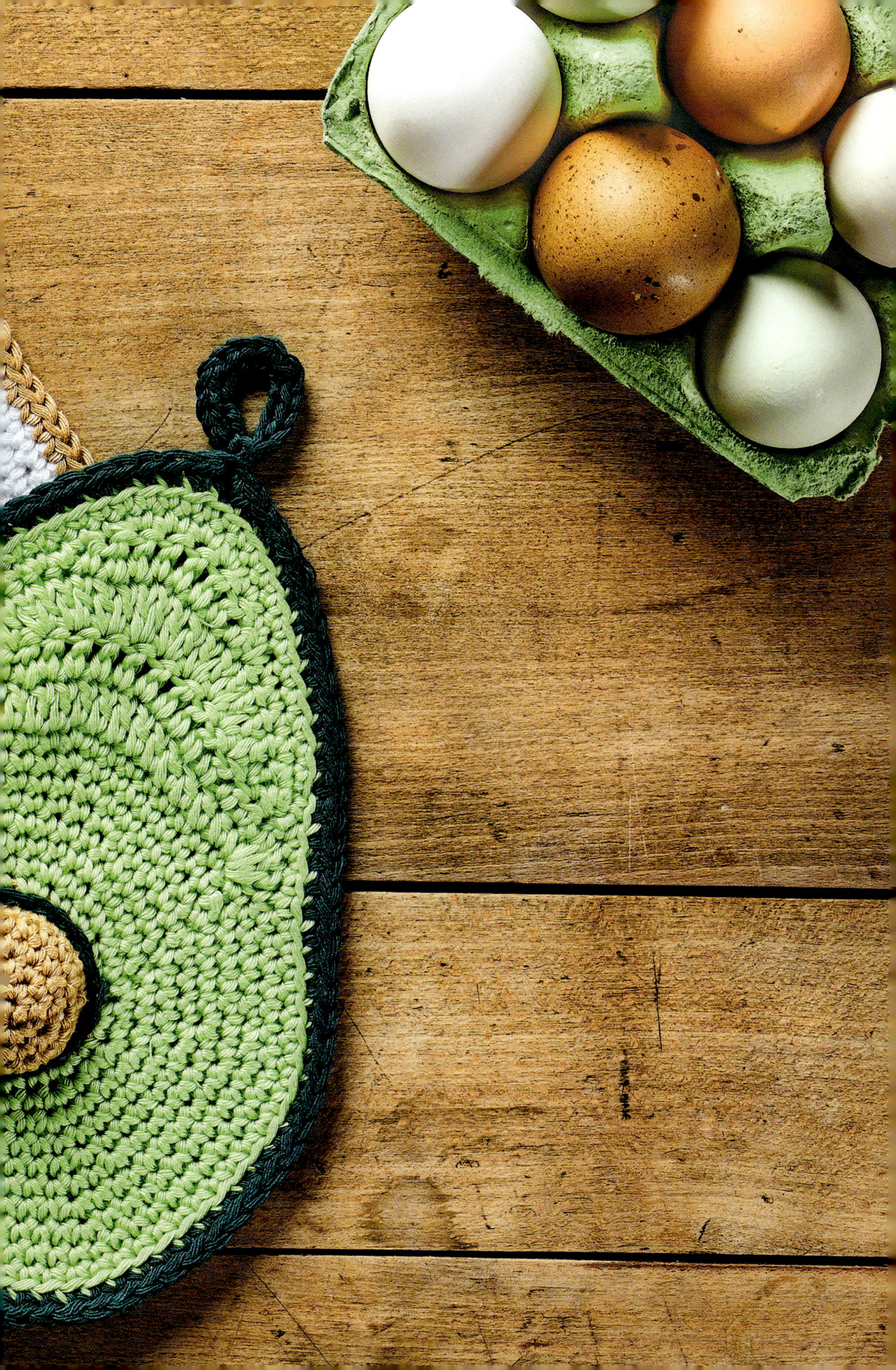

Spielend gehäkelt

FÜNFFARBIGE TOPFLAPPEN IN PUZZLE-OPTIK

Größe: 19 x 19 cm

MATERIAL

- Je 50 g Topflappengarn in Altrosa, Weiß, Grau, Anthrazit, Hellgrün (Woll Butt von Buttinette)
- Häkelnadel 3,5

SO GEHT'S:

33 LM anschlagen und fM in Reihen gemäß der Schemazeichung häkeln, dabei die erste fM in die 32. LM häkeln. Nach jeder Reihe eine WendeLM arbeiten, diese ersetzt jedoch nicht die erste fM der Folgereihe.

In den Hinreihen die Fäden hinter der Arbeit führen, in den Rückreihen liegen die Fäden vor der Arbeit. Nach 36 Reihen den Topflappen mit einer Runde fM in Altrosa umhäkeln, dabei in jede Eckmasche 3 fM in dieselbe Einstichstelle häkeln.

Für den Aufhänger in Anthrazit an einer Ecke anschlingen und 12 LM arbeiten, die Schlaufe mit einer KM befestigen und anschließend 16 fM in den Ring häkeln.

Tipp:

SO BUNT WIE EIN ECHTES PUZZLE LASSEN SICH AUCH DIESE TOPFLAPPEN GESTALTEN UND DIE FARBEN NACH BELIEBEN TAUSCHEN.

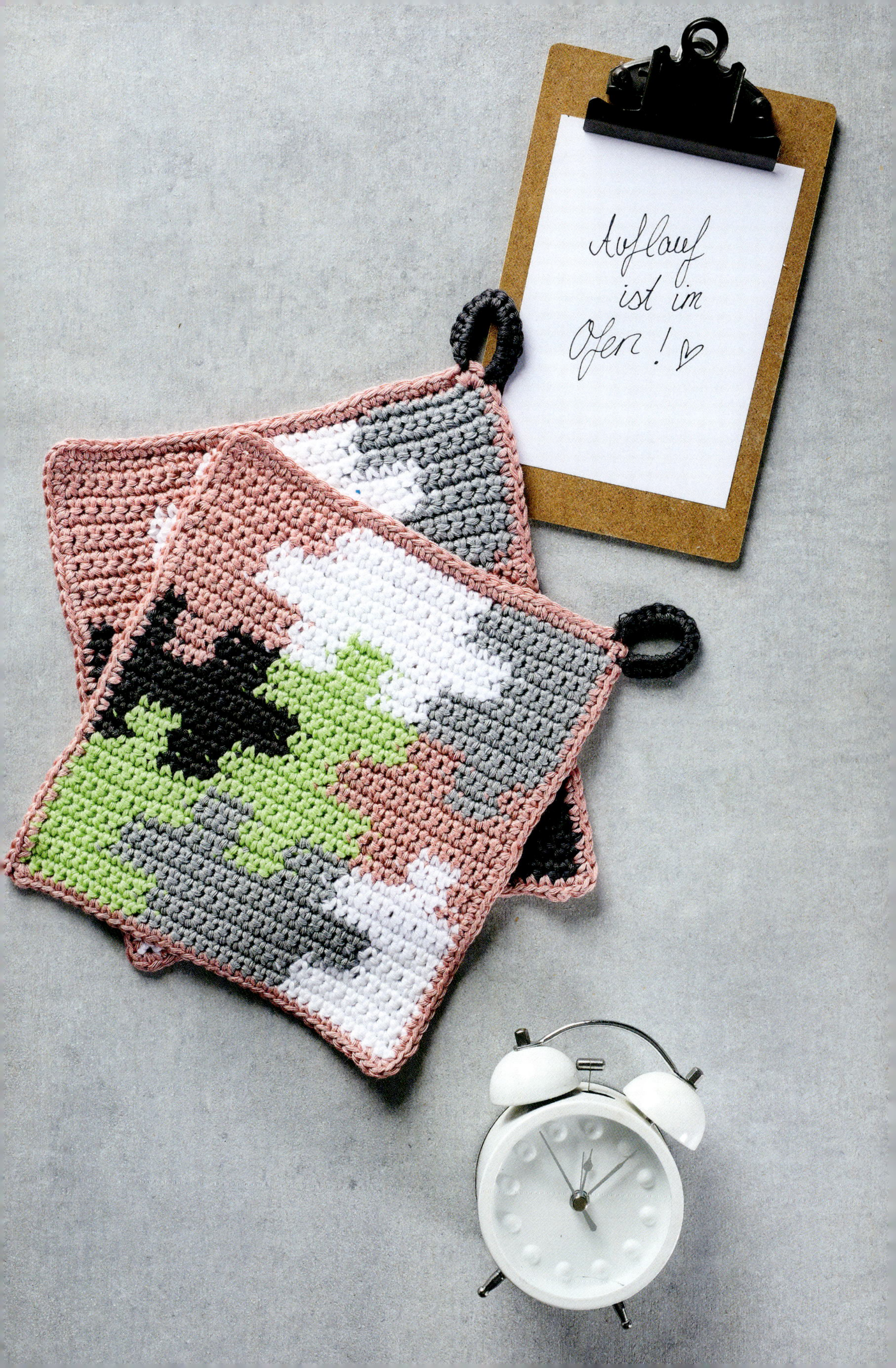
Auflauf
ist im
Ofen!

Schemazeichnung:

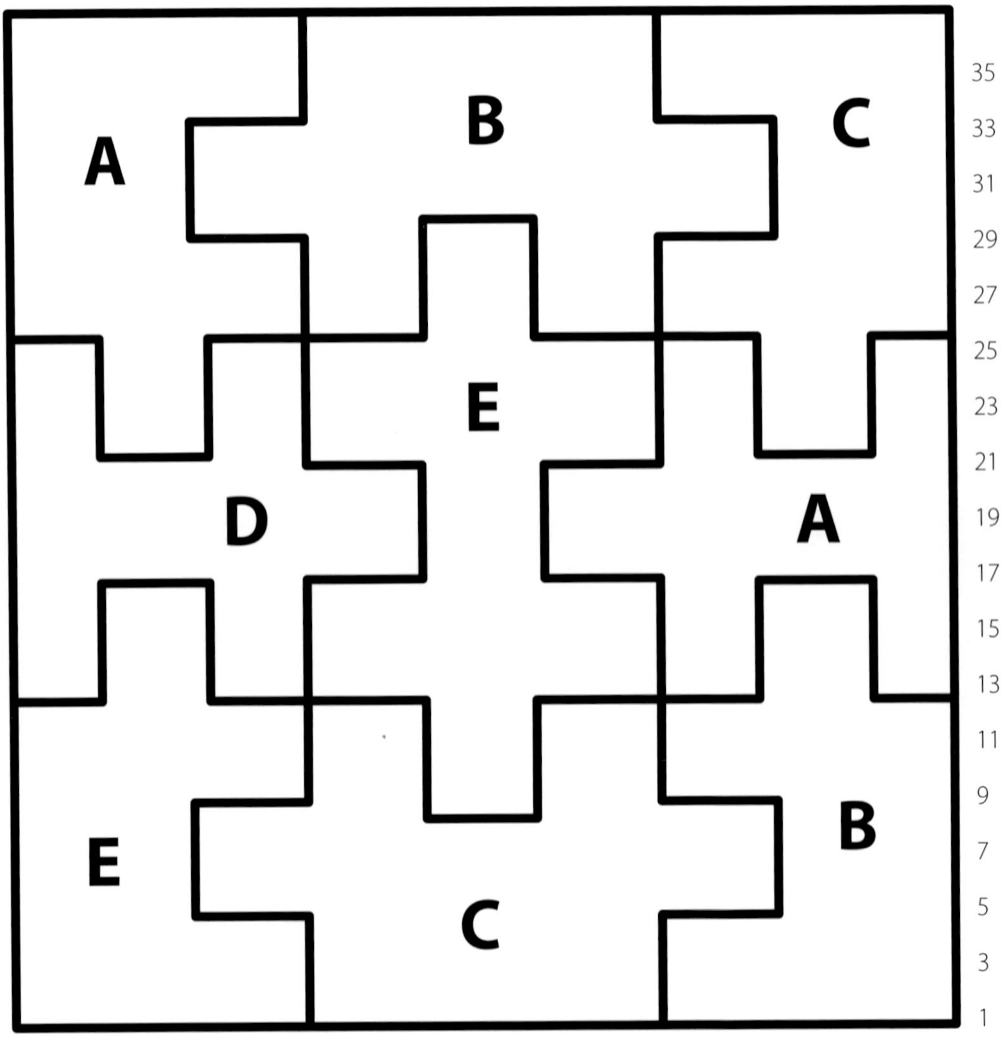

A = Altrosa
B = Weiß
C = Grau
D = Anthrazit
E = Hellgrün

Abkürzungen:

DStb = Doppelstäbchen
Fb = Farbe
fM = feste Masche
hStb = halbes Stäbchen
KM = Kettmasche
LM = Luftmasche
lt = laut
Nr = Nummer
R = Reihe
Rd = Runde
Stb = Stäbchen

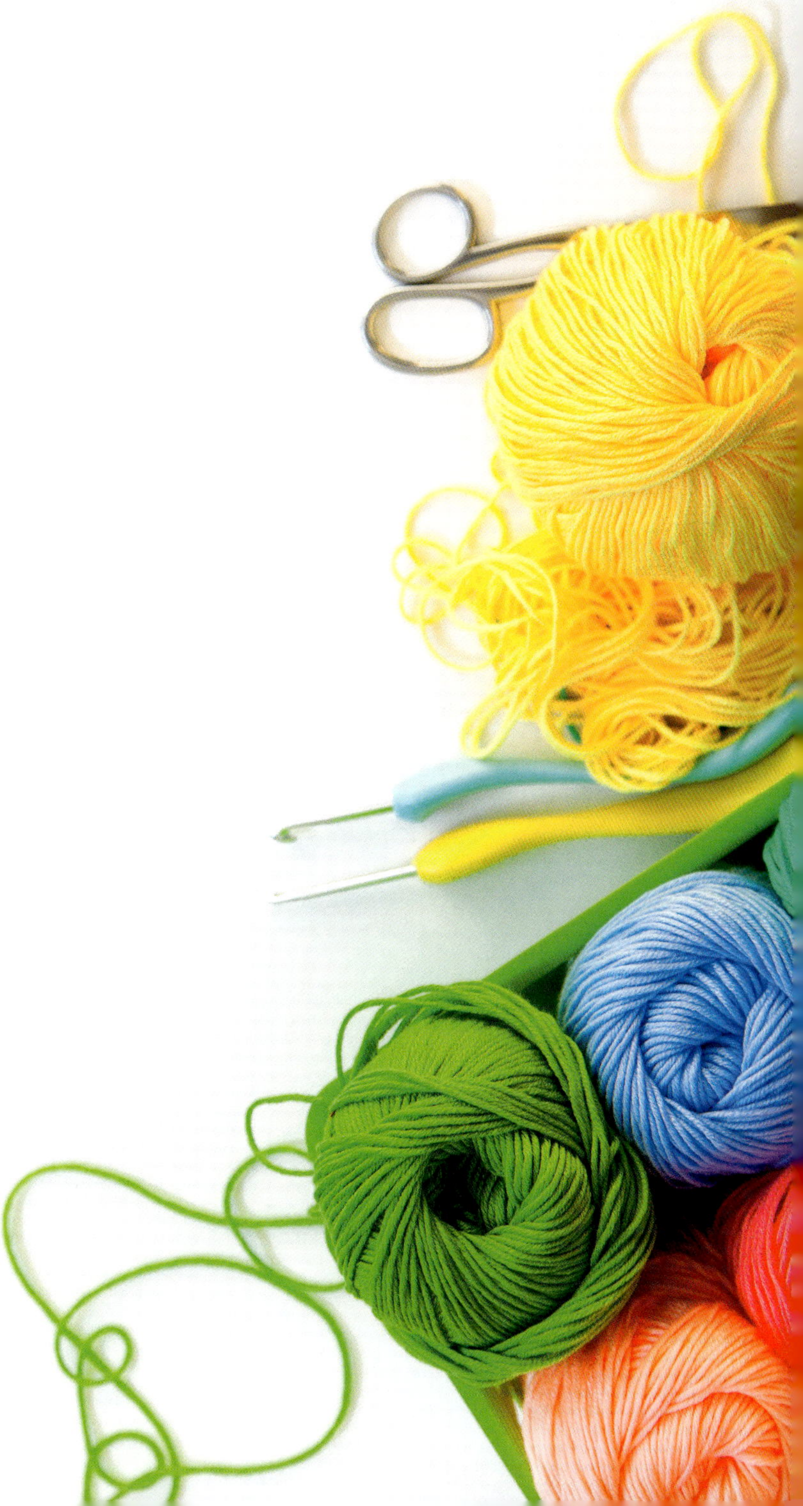

Grundkurs Häkeln

Luftmaschenanschlag

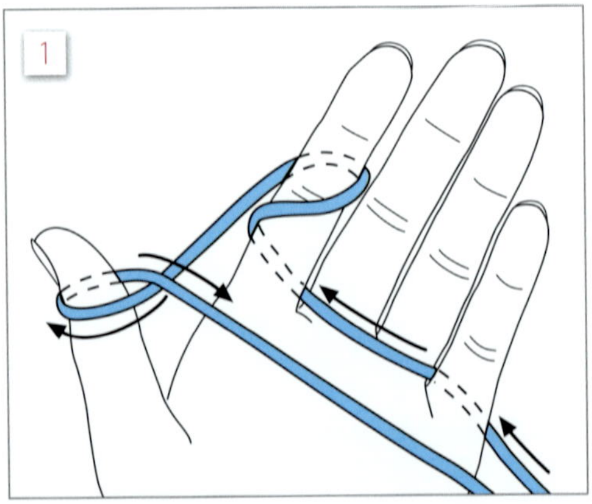

Den Faden wie im Bild gezeigt um die Finger und den Daumen der linken Hand legen.

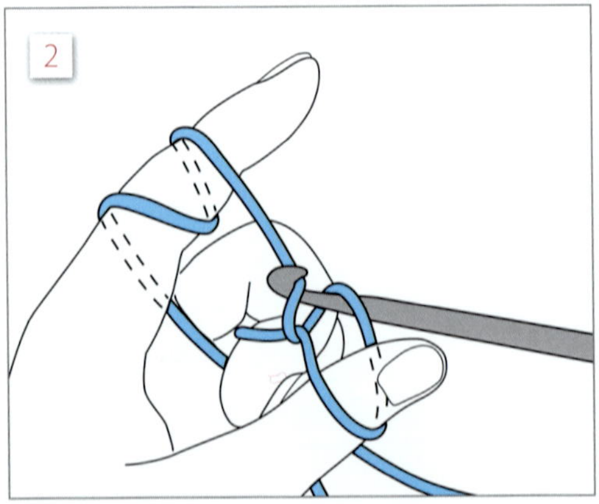

Die Häkelnadel von unten in die Daumenschlinge schieben. Den Faden, der vom Zeigefinger kommt, mit der Häkelnadel fassen und durch die Daumenschlinge ziehen.

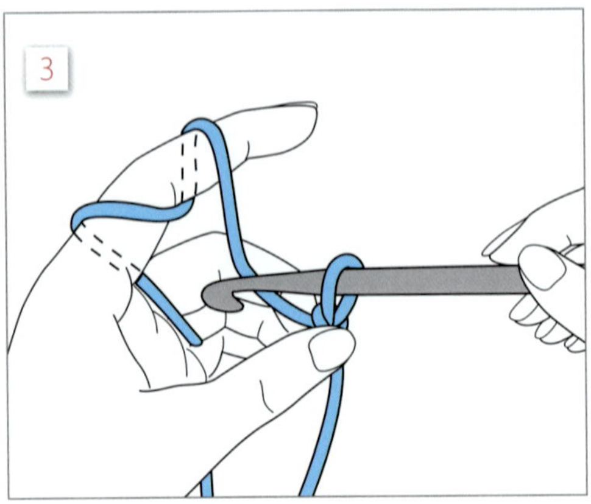

Die erste Schlinge liegt auf der Nadel. Die Schlinge so anziehen, dass sie locker auf der Nadel liegt, aber nicht herunterrutscht.

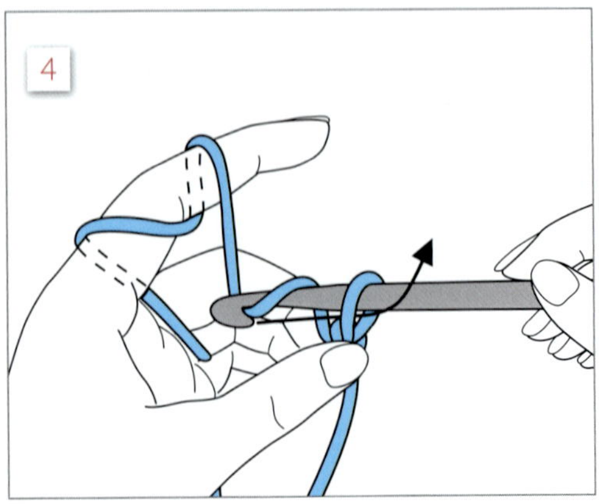

Den Anschlagsknoten mit Daumen und Mittelfinger halten, den Faden, der vom Zeigefinger kommt, von hinten nach vorn über die Nadel legen und den Umschlag durch die Anfangsschlinge ziehen.

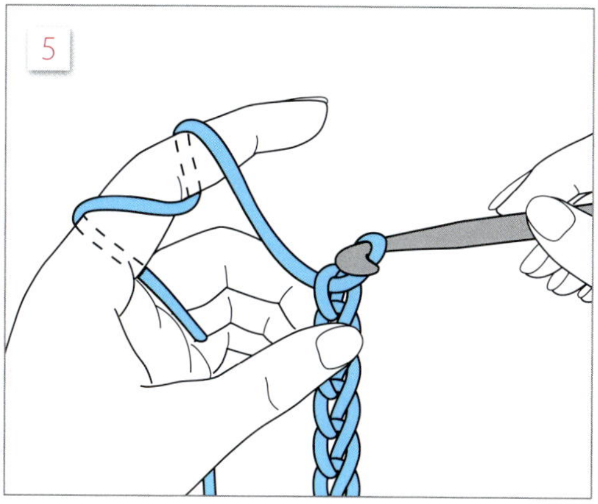

Schritt 4 so oft wiederholen, bis die gewünschte Luftmaschenzahl erreicht ist. Dabei jeweils die letzte Luftmasche mit Daumen und Zeigefinger halten.

Feste Maschen

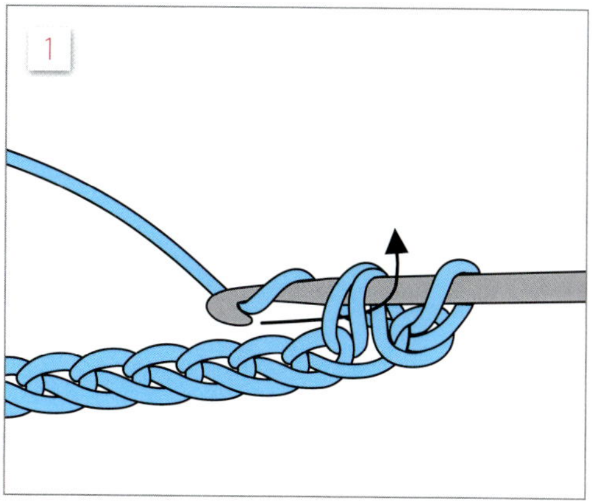

In die folgende Masche einstechen und den Faden von hinten nach vorn um die Nadel legen. Diesen Umschlag durchziehen.

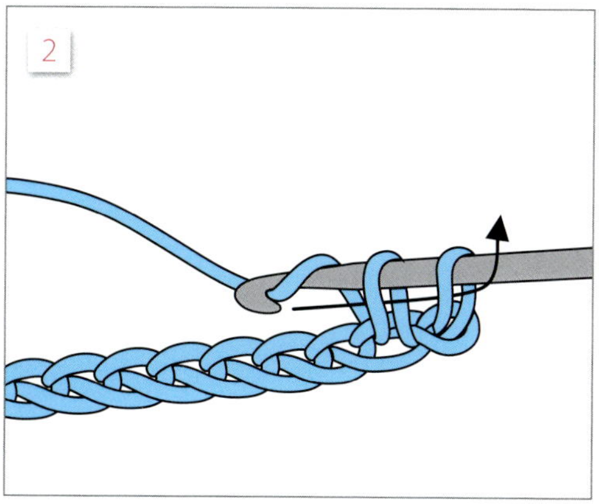

1 neuen Umschlag bilden und durch beide Schlingen ziehen (= abmaschen). Die erste Luftmasche ist fertig. Schritt 1 und 2 bis zum Reihenende stets wiederholen.

Halbes Stäbchen

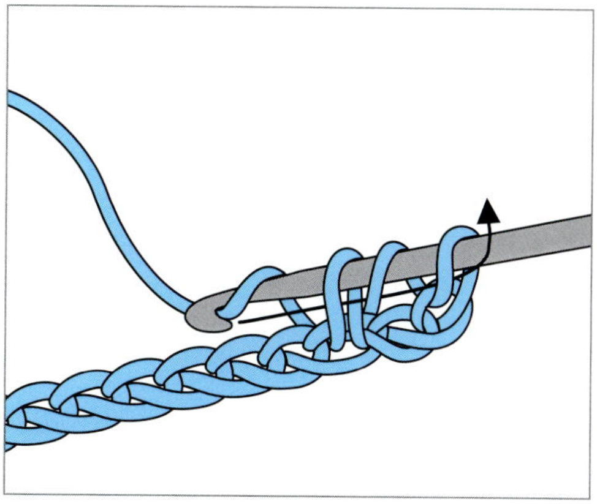

Wie bei Stäbchen Bild 1 (s.u.) beginnen, dann aber mit 1 Umschlag alle 3 Schlingen auf einmal abmaschen.

Grundkurs Häkeln

Kettmasche

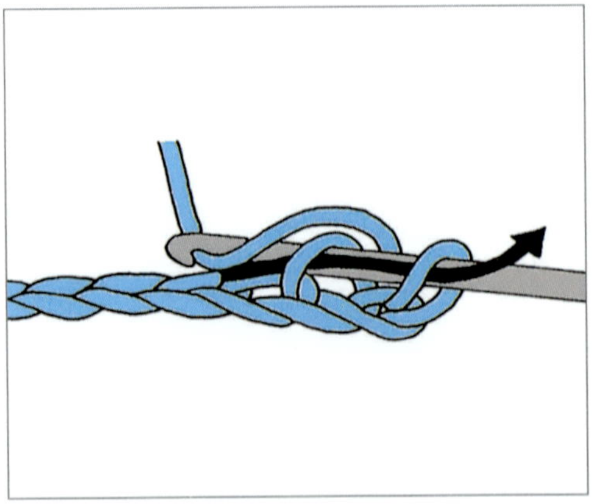

In die zweite Masche von der Nadel aus einstechen, den Faden zur Schlinge durchholen und durch die auf der Nadel befindliche Schlinge ziehen.

Stäbchen

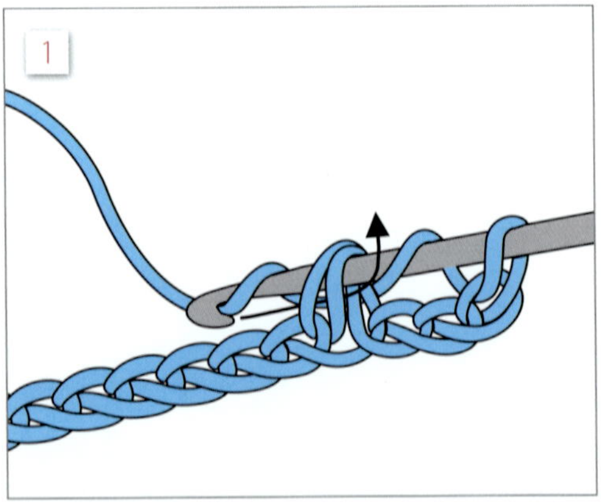

1 Umschlag bilden, in die Masche einstechen, noch 1 Umschlag bilden und diesen durch die Masche ziehen.

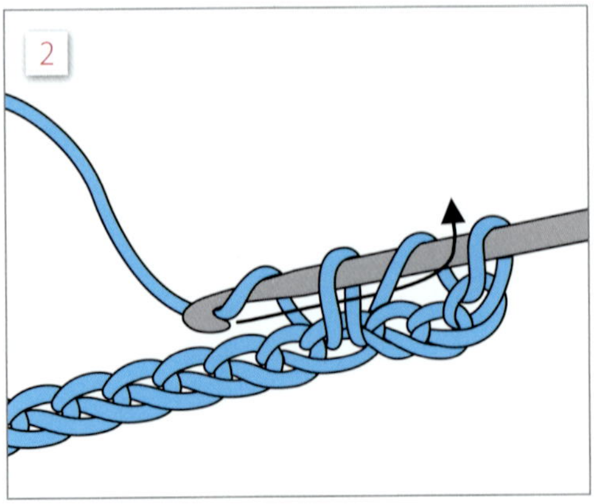

1 Umschlag bilden und durch die ersten zwei Schlingen auf der Nadel ziehen.

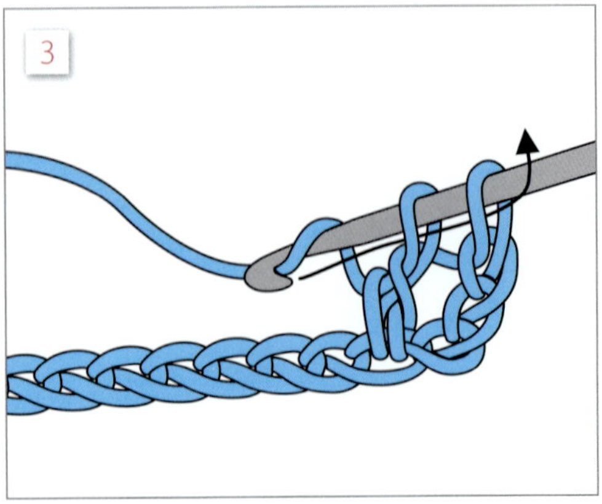

1 Umschlag bilden und durch die letzten 2 Schlingen auf der Nadel ziehen.

Doppelstäbchen

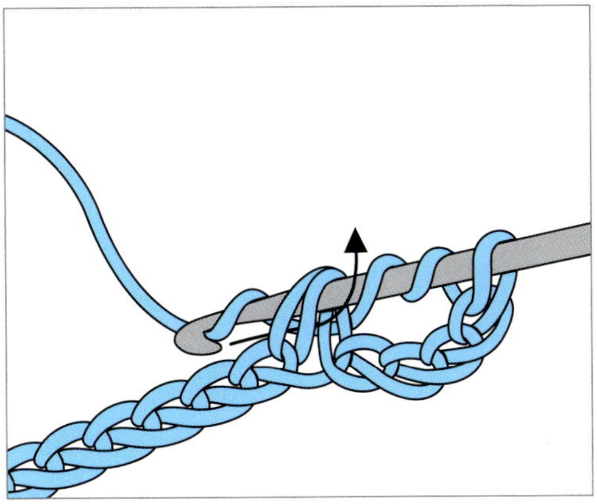

Wie Stäbchen arbeiten, jedoch vor dem Einstechen in die Masche 2 Umschläge bilden. Dann nacheinander je 2 Schlingen zusammen abmaschen. (Für Dreifachstäbchen entsprechend 3 Umschläge bilden.)

Farbwechsel am Rand

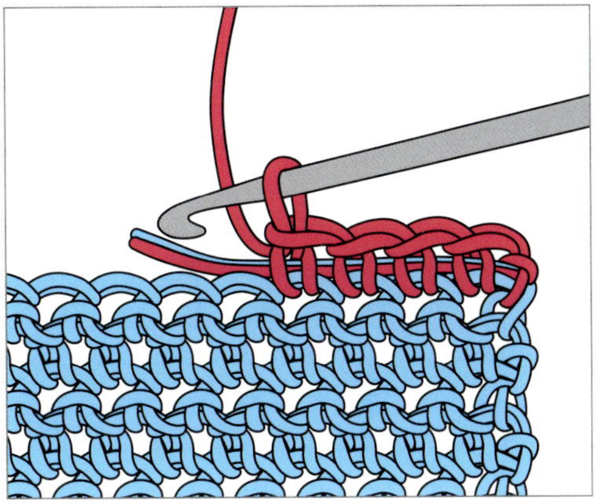

Am Ende der Vorreihe bereits die letzte Masche mit dem Faden der neuen Farbe abmaschen. Arbeit wenden, Faden-ende und -anfang mit den ersten Maschen überhäkeln.

Farbwechsel innerhalb der Reihe

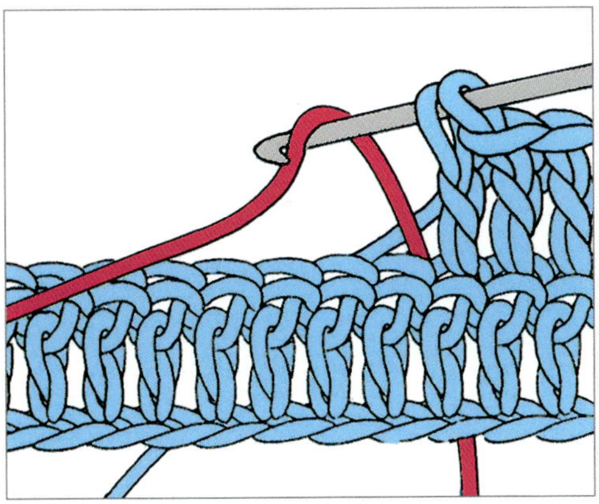

Für die letzte feste Masche der alten Farbe 1 Umschlag bilden, den Faden zur Schlinge durchholen, mit dem Faden der neuen Farbe 1 Umschlag bilden und damit beide Schlingen auf der Nadel abmaschen.

Arbeitsbeginn mit Fadenring

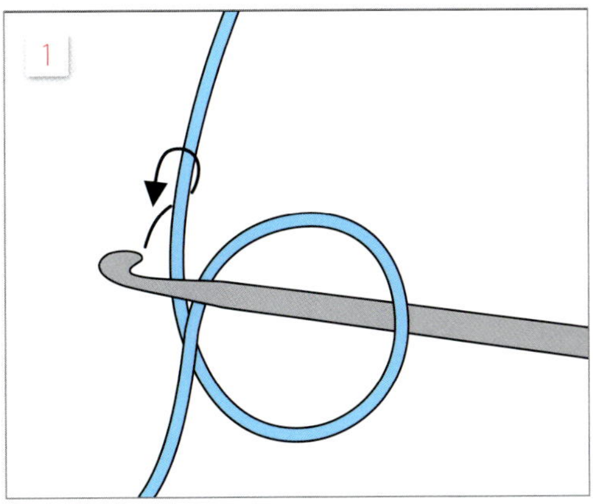

Faden zur Schlinge legen, die Nadel einstechen, den Faden um die Nadel legen und diesen Umschlag durchziehen, aber nicht festziehen, sondern locker geschlungen lassen.

Grundkurs Häkeln

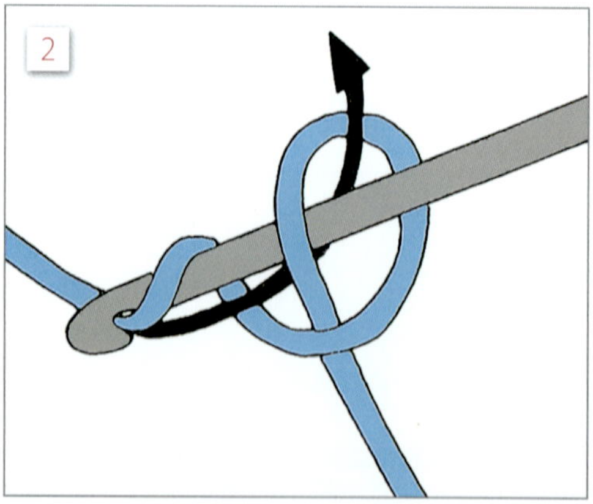

Faden wie üblich halten und den Kreuzungspunkt der Fadenschlinge mit Mittelfinger und Daumen festhalten, 1 Umschlag bilden und durch die Schlinge auf der Nadel ziehen.

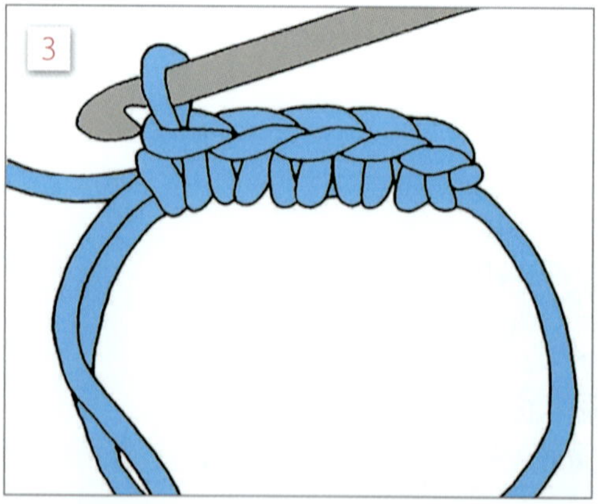

Jetzt die erste Runde in den Ring arbeiten und durch Ziehen am Faden die Fadenschlinge zuziehen.

Abnahme am Rand

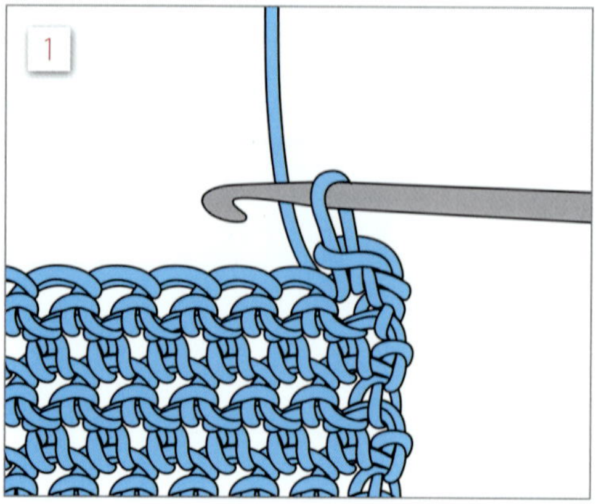

Am rechten Rand 1 Masche bzw. die angegebene Zahl Maschen übergehen. Dazu in soviele Maschen wie abgenommen werden Kettmaschen häkeln. Diese in der Rückreihe nicht behäkeln.

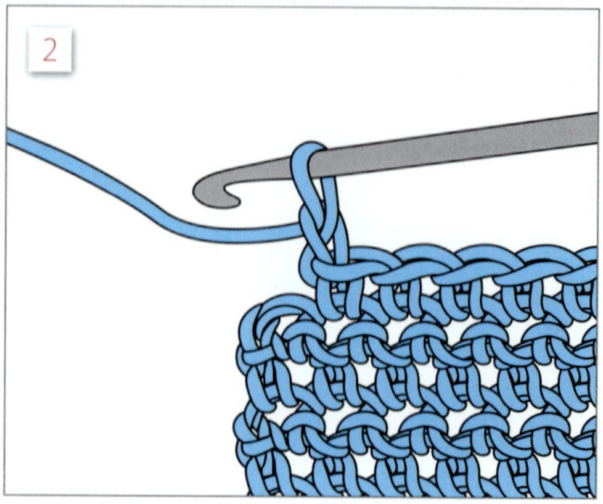

Bis zum linken Rand häkeln, aber die letzte Masche bzw. die angegebene Zahl Maschen unbehäkelt lassen. Folgt in der nächsten Reihe keine Abnahme, die 1 Masche durch eine Wende-Luftmasche ersetzen.

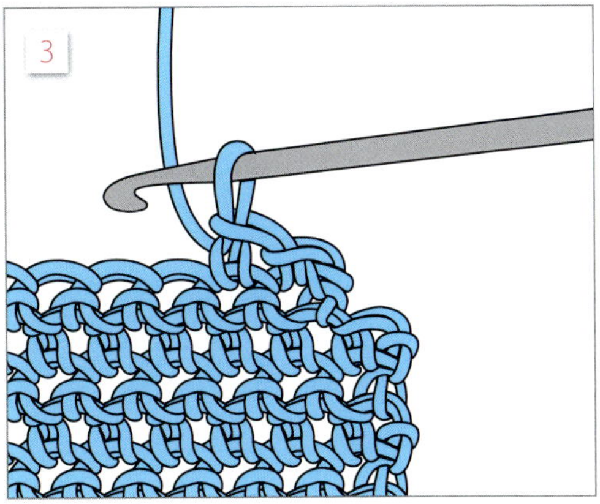

Wird in der folgenden Reihe sofort wieder abgenommen, die entsprechenden Maschen mit Kettmaschen überhäkeln und mustergemäß weiterarbeiten.

Zunahme am Rand

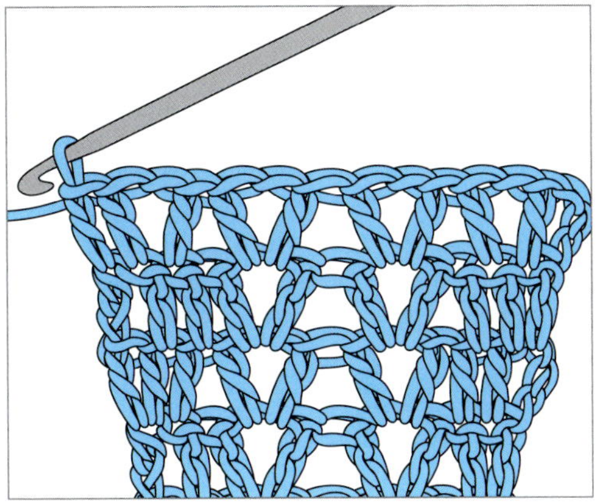

Am Anfang bzw. Ende der Reihe in die 1. bzw. letzte Masche der Vorreihe 2 Maschen häkeln.

Feste Maschen in Spiralrunden

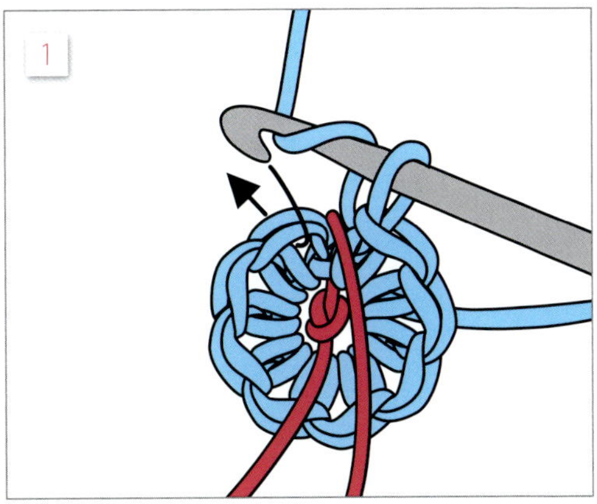

Maschen nach Anleitung anschlagen und mit einer Kettmasche zur Runde schließen. Den Rundenübergang mit andersfarbigem Faden markieren. Dann die 2. Runde häkeln, dabei in jede Masche der Vorrunde häkeln.

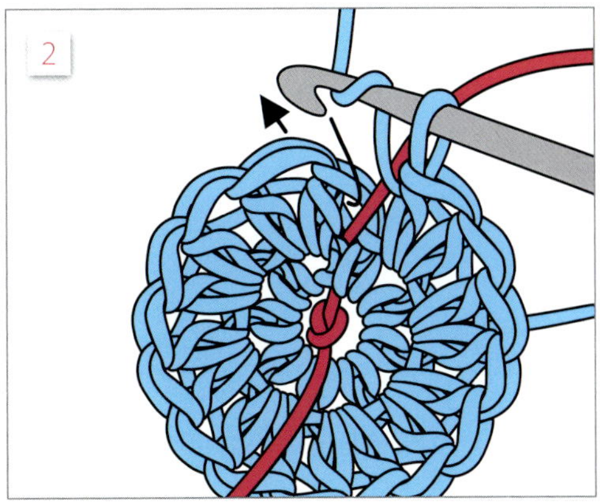

An jedem Rundenübergang den Markierungsfaden nach vorn bzw. hinten legen und anleitungsgemäß weiterarbeiten.

Grundkurs Häkeln

Reliefstäbchen hinten

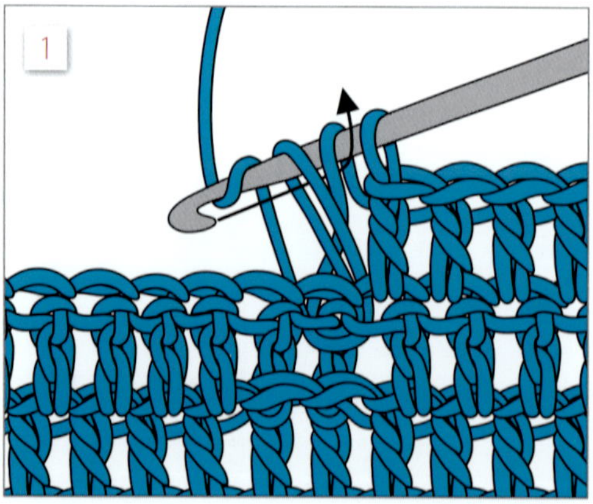

Einen Umschlag bilden, von hinten nach vorn greifend um das Stäbchen der Vorreihe stechen. Den Faden um die Nadel legen und diesen Umschlag durchziehen.

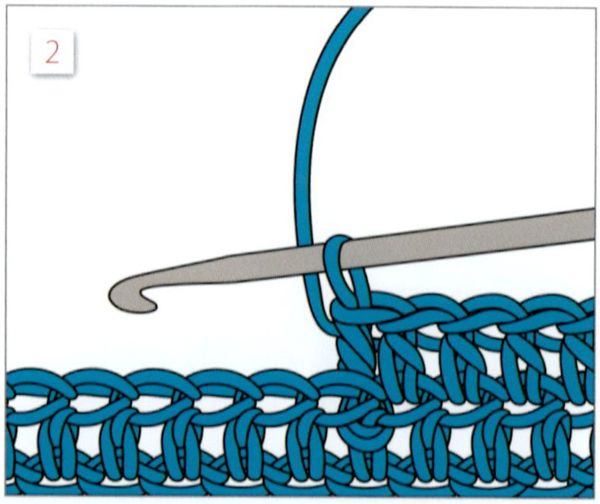

Dann wie bei einem normalen Stäbchen je 2x den Faden um die Nadel legen und den Umschlag jeweils durch 2 auf der Nadel liegende Schlingen ziehen, d.h. diese abmaschen.

Reliefstäbchen vorne:

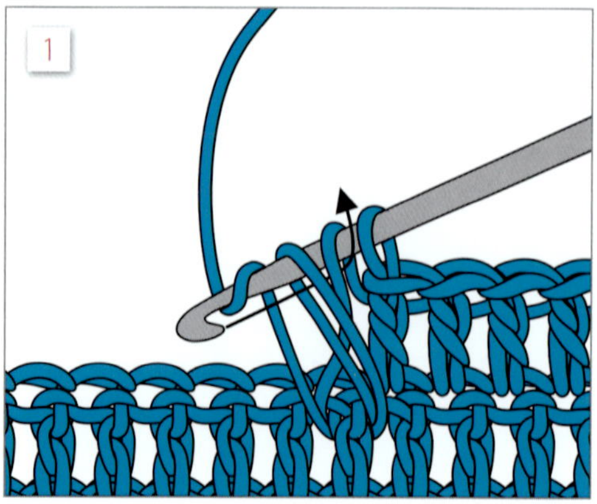

Einen Umschlag bilden, von vorn nach hinten greifend um das Stäbchen der Vorreihe stechen. Den Faden um die Nadel legen und diesen Umschlag durchziehen.

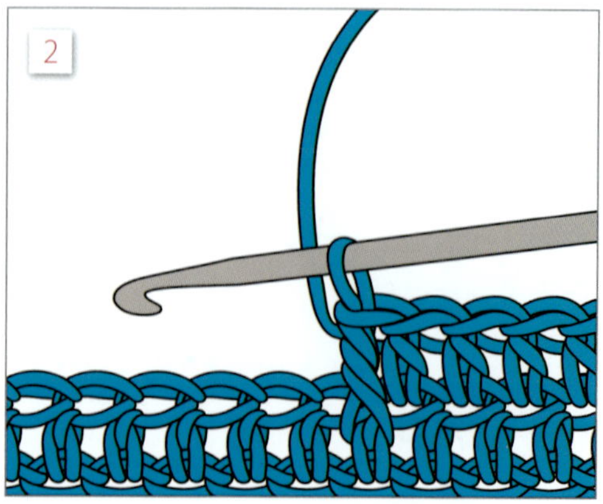

Dann wie bei einem normalen Stäbchen je 2x den Faden um die Nadel legen und den Umschlag jeweils durch 2 auf der Nadel liegende Schlingen ziehen, d.h. diese abmaschen.

Krebsmaschen

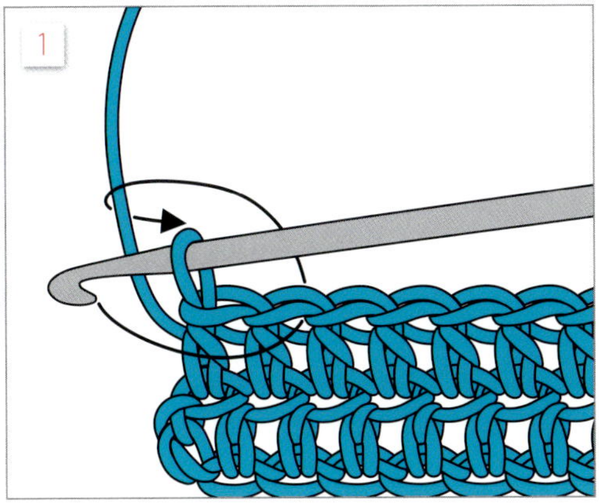

Die Arbeit nicht wenden, sondern in die letzte Masche der Vorreihe von vorn nach hinten einstechen und den Faden zur Schlinge durchholen.

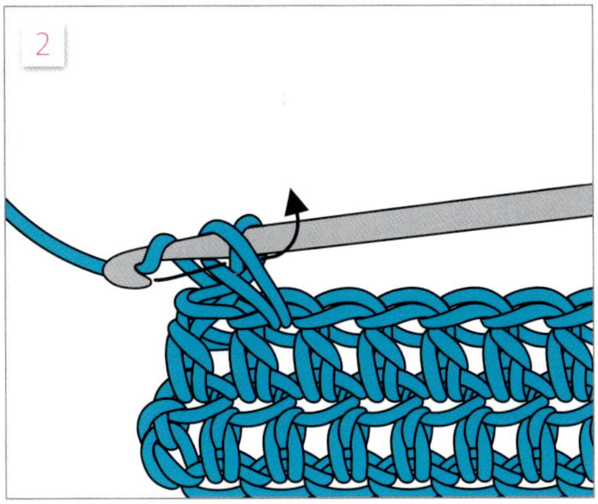

Den Faden um die Nadel legen und diesen Umschlag durch beide Schlingen auf der Nadel ziehen.

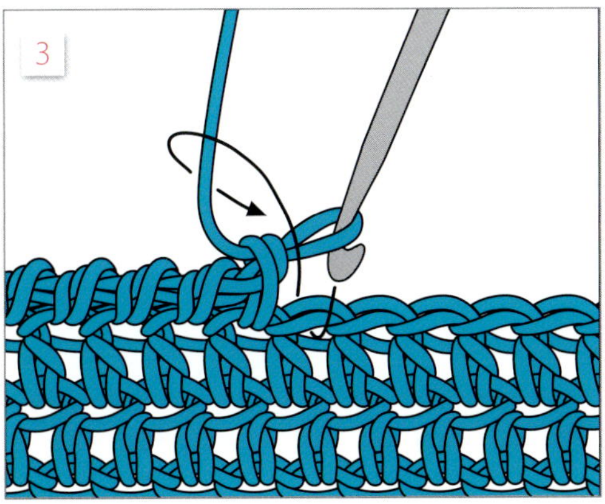

Weiter im „Krebsgang", also rückwärts, häkeln, dabei die Schritte 1 und 2 stets wiederholen.

Stielstich

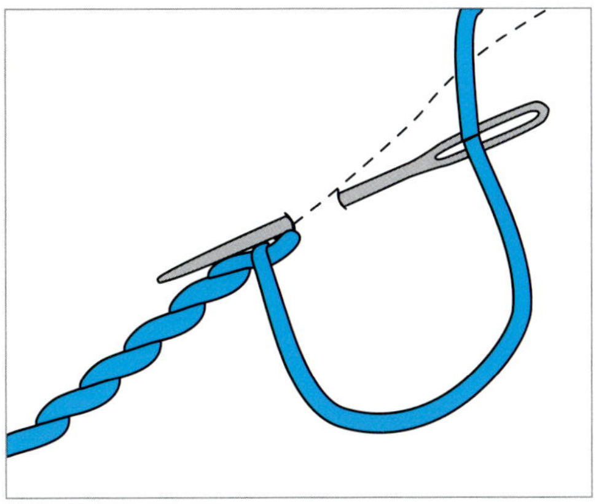

Bei diesem häufig verwendeten Zierstich wird die Nadel wie gezeigt aus-, ein-, und knapp neben der Mitte des entstehenden Stichs wieder ausgestochen. Die Stiche leicht schräg arbeiten.

Impressum

Autorin: Annette Diepolder
Fotos & Styling: Florian Bilger Fotodesign
Produktmanagement & Redaktion: Xenia Kuczera
Lektorat: Margit Huber
Technische Zeichnung: Carsten Bachmann
Umschlaggestaltung: Leeloo Molnár
Satz: Daniela Schulz
Repro: LUDWIG:media
Herstellung: Stephanie Schlemmer
Printed in Slovenia by Florjancic

Sind Sie mit diesem Titel zufrieden? Dann würden wir uns über Ihre Weiterempfehlung freuen. Erzählen Sie es im Freundeskreis, berichten Sie Ihrem Buchhändler oder bewerten Sie beim Onlinekauf. Und wenn Sie Kritik, Korrekturen, Aktualisierungen haben, freuen wir uns über Ihre Nachricht an:
Christian Verlag, Postfach 40 02 09,
D-80702 München oder per E-Mail an
lektorat@verlagshaus.de.

Unser komplettes Programm finden Sie unter

www.christophorus-verlag.de

Bildnachweis: S. 5, 8, 53: shutterstock (Kostikova Natalia)
Illustrationen: Designed by Freepik

Herstellerverzeichnis

- Buttinette Textilversandhaus GmbH buttinette.de
- Schoeller Süssen GmbH, schoeller-wolle.de

Die Deutsche Nationalbibliothek verzeichnet diese Publikation in der Deutschen Nationalbibliografie; detaillierte bibliografische Daten sind im Internet über http://dnb.d-nb.de abrufbar.

2. Auflage

ISBN 978-3-8410-6561-2

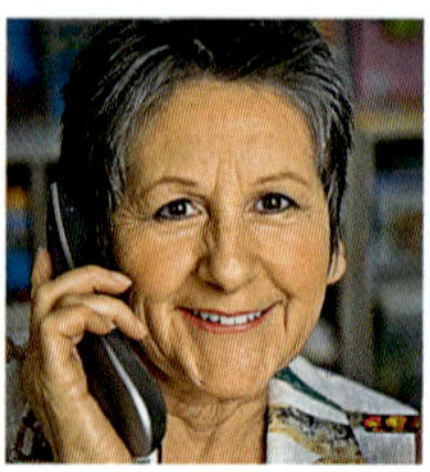

Kreativ-Service

Sie haben Fragen zu den Büchern und Materialien? Frau Erika Noll ist für Sie da und berät Sie rund um alle Kreativthemen. Rufen Sie an! Wir interessieren uns auch für Ihre eigenen Ideen und Anregungen. Sie erreichen Frau Noll per E-Mail: **mail@kreativ-service.info** oder Tel.: **+49 (0) 5052/91 18 58**

Besuchen Sie uns im Internet: **www.christophorus-verlag.de**